熊野　謎解きめぐり

後 誠介 著

熊野
謎解きめぐり
大地がつくりだした聖地

はる書房

は じ め に

　私は、自分を無神論者だと思っています。地球・大地の歴史を学んできた私には、天地創造の神はとても受け入れられるものではありません。このような私ですが、「神宿る熊野」という表現にはいささかも違和感を覚えることはなく、それどころか私は自身の講演で、「神宿る大地」という言葉を用いています。南紀熊野には、神宿るという思いを抱かせるにふさわしい自然景観がふんだんにあるからです。

　神宿るという思いを抱かせるのは、巨岩・岩峰・滝・峡谷などの地質遺産であり、世界遺産の山岳霊場・熊野三山とその周辺には、これらを祀る聖地があります。そして熊野参詣道をはじめとする「熊野古道」と呼び習わされている古道は、清流をはぐくむ幽玄な奥深い山々と峡谷に触れながら、熊野の文化的景観を楽しむ道です。さらにきらめく海原に彩られた海岸線は、日本遺産「鯨とともに生きる」などの文化を育んできました。「大地に育まれた熊野の自然と文化に出会う」をテーマにする「南紀熊野ジオパーク」もあります。

　このような大地の成り立ちと深くつながる熊野の魅力を、丸ごと伝えようと試みたのが本書です。熊野地方では1970年代から2000年代にかけて、「市町村史（誌）」の編纂が進みました。私はいくつか史誌の編纂委員や執筆委員をして、大先輩たちから学ぶ幸運に恵まれました。また

1984年から熊野に関する資料収集と調査研究、普及啓発を行う熊野学研究委員会委員をしています。このような経験が、本書のベースになっています。

　本書では、読者が好きなところから読み進められるように、Q&A形式にして書き進めました。そして幅広く話題を取り上げようと、コラムを設けています。また簡潔な文章を心がけ、脚注で補うようにしています。

　このような本ができたのは、『熊野新聞』元編集長の須川達也さん、イラストレーターの平野薫禮さんのおかげです。須川さんには、本の構成について提案と助言をしていただきました。平野さんには、本書のキャラクターをはじめとして、マップやイラストを描いていただきました。

　本書の内容は、巻末の「参考文献」に掲げた新聞連載記事と投稿した論文をもとに書き改めるとともに、一部書き加えたものです。より詳しい内容あるいは他の参考文献については、これらをご覧いただきたいと思います。

　はる書房には、地域学の視点から「座談会1　熊野の歴史と文化を語る」と「座談会2　熊野の自然と産業を語る」を、『熊野TODAY』（1998年刊）に収録していただきました。これらの座談会からも、興味深いことが見つかると思います。

第 1 章

謎解きめぐり
熊野の霊場

那智大滝(那智勝浦町)

熊野は「自然と一体となった聖地」であると評価されています。神仏が宿るという思いを抱かせるにふさわしい自然景観がふんだんにあり、霊場としての時代を超えた歴史・文化を持っているからです。

　世界遺産（文化）「紀伊山地の霊場と参詣道◆1」を構成する「熊野三山」は、紀伊半島の南東部にある本宮、新宮、那智の3つの霊場から成り立っています。そして京都、高野山、吉野、伊勢から「熊野三山」を訪ねる巡礼の道として参詣道が整っていました。

　神仏が宿るという思いを抱かせるのは、大地に形づくられた造形物です。どうして熊野には、このような大地の造形物がたくさんあるのでしょうか。

　祭祀の中心となった風景をかたちづくった、大地の営みに目を向けてみましょう。

◉章扉の写真は須川達也氏にご提供いただきました

◆1　紀伊山地の霊場と参詣道
紀伊山地の自然と深くつながる「高野山」、「吉野・大峯」、「熊野三山」の3つの山岳霊場とそこにいたる「参詣道」を取り巻く文化的景観が登録された世界遺産。和歌山、奈良、三重の3県にまたがる。

熊野マップ
霊場と大地の
ふか～いかんけいをみてみよう

丹倉神社

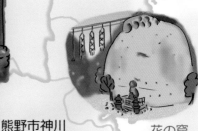

花の窟

熊野市神川

玉置山

丹倉神社

板屋断層

風伝峠

鬼ヶ城
獅子岩
花の窟

ちち様

備崎磐座群

志古の磐座

黒尊仏

神内神社

円座石

浮島の森

色川の坊主岩

ゴトビキ岩

ゴトビキ岩

那智大滝

弁天島

ちち様

浦神湾

三尾川

河内神社

祓の宮

N

20km

那智大滝

熊野の霊場、どんな所?

Q1 熊野の霊場は、幽玄な奥深い山々に包まれています。世界遺産(文化)「紀伊山地の霊場と参詣道」では、「熊野三山」はどのような地とされているのでしょうか。

A1 「熊野三山」のほかに、「吉野・大峯」と「高野山」が紀伊山地の霊場として登録されました。これら3つの霊場に共通する点は、山岳霊場であるところです。神宿る地であるとともに、仏や菩薩の浄土に見立てた山岳修験の地として、時代を超えた歴史・文化を持っています。

　熊野三山の成立に先駆けて、経典を手に自然と一体となって修行に励んだ持経者という人たちがいました。持経者たちの修行は、8世紀までさかのぼります。熊野では、自然の空間と造形に包まれながら、修行を続けることができたからにちがいありません。

写真① 那智山の花山法皇御籠所跡(那智勝浦町)

花山法皇（かざんほうおう）(968〜1008年）が千日修行された御籠所跡（おんこもりしょ）(写真①)、修験の山入に際して祭典が執り行われた山上不動堂跡（やまがみふどうどう）などが、和歌山県那智（なち）勝浦町（かつうら）の那智山に残ります。

「熊野の霊場は、自然がつくったもの」といわれます。霊場が河川とか巨岩とか大滝とともに成立しているからです。いわば「岩と水と人がおりなす文化的景観」といえるでしょう。このような熊野の霊場を、地質の視点からみると、何がみえてくるでしょうか。

「那智大滝（なちのおおたき）」はどうやってできた？

Q2 「岩と水と人がおりなす文化的景観」といえば、那智勝浦町の「那智大滝」が思い浮かびます。この見事な大滝はどのようにできたのでしょうか。

A2 熊野を象徴する那智大滝（写真②）は、とても興味深い位置にできています。

那智大滝の岩壁は、火成岩体（かせいがんたい）(マグマからできた岩体）なのに対して、拝礼する場である飛瀧神社（ひろう◆1）は、熊野層群（くまのそうぐん）(海底に地層をつくった堆積岩体（たいせきがんたい）◆2)のところにあり、地質の境目である地質境界が那智大滝と飛瀧神社の間にあります。つまり、2つ別々の地質体の境界付近にできたのが、那智大滝なのです。

火成岩体は、風化を受けると大きな岩の塊となって崩れやすい性質を持っていますが、浸食には比較的強いものです。これに対して、熊野層群は、比較的もろくて浸食されやすい性質を持っています。それで地質境界付近の火成岩体に高い岩壁ができて、那智大滝となったのです。

◆1　**飛瀧神社**
那智大滝を御神体とする滝前の神社。熊野那智大社の別宮。
◆2　**堆積岩体**
砂や泥などが地層となってできた岩石からできた岩体。

山岳修験の行場として「那智四十八滝」が知られていますが、これらの滝は、地質境界または火成岩体の内部にできています。

写真② 那智山の那智大滝（那智勝浦町）

Q3　和歌山県新宮市の神倉山（かみくらさん）の「ゴトビキ岩」◆4は、マグマからできた岩だと聞いたことがあります。マグマからどのようにして、ゴトビキ岩ができたのでしょうか。

A3　マグマからゴトビキ岩（写真③）が直接できたわけではありませんね。
　ゴトビキ岩のある神倉山、そして神倉山から那智勝浦町の那智山・大雲取山（くもとりやま）までつながる山々、熊野川対岸から三重県の南牟婁郡御浜町（みなみむろみはま）と熊野市の境にある風伝峠（ふうでんとうげ）までつながる山々がマグマからできた火成岩です。

写真③　神倉山のゴトビキ岩（新宮市）

◆3　**那智四十八滝**
山岳修験の行場として番号と名を与えられた那智にある滝の総称。明治の修験禁止令以降その実像が不明であったが、那智山青岸渡寺の高木亮英さんらにより再興された。
◆4　**ゴトビキ岩**
神倉山の山腹にある巨岩で、神倉神社の御神体。巨岩がヒキガエル（方言でゴトビキ）に見える。弥生時代の銅鐸、鎌倉時代の経塚が見つかった。

太古の熊野では、大規模な火山活動が起こったことが分かっています。「熊野カルデラ火山」（後ほど詳しく説明）です。

　ところが、現在の熊野には、火山らしい地形は見当たりません。火山活動から長い年月を経て、大地は風化と崩壊をくり返して浸食され、火山地形が消失してしまい、現在では火山の地下が地表に現れています。

　この過程で火成岩体を母体として、浸食・風化によって形成されたのが、ゴトビキ岩です。

熊野あれこれ ❶
神仏習合と山岳修験
しんぶつしゅうごう　　さんがくしゅげん

　那智大滝は、古くから神宿る大地としての祭神です。さらに仏教が広まってからは、千手観音ともなりました。那智大滝の飛散する水と洗われた岩肌に、多くの手を広げた千手観音の姿をみてきたのです。そして那智大滝の周辺にある那智四十八滝は、経典を手にして自然と一体となる山岳修験の霊場です。
せんじゅ

　明治維新に伴う神仏分離令（1868年）と修験禁止令（1872年）を経て、その姿を変えていますが、那智の霊場には神仏習合と山岳修験の面影が色濃く残っています。

左上・八咫烏
や　た　がらす
熊野の神の使いとされる3本足のカラス

マグマからできた岩島！

Q4　ゴトビキ岩は「新宮の御燈祭り」◆1の舞台ですが、「新宮の速玉祭」◆2の舞台となる御船島は、どのような成り立ちでしょうか。

A4　熊野川には、川中に残る岩島である御船島があります。「速玉祭」は、熊野川をさかのぼって来た斎主船や神幸船がこの岩島を回って執り行う神事と、この岩島を回る早舟競争でクライマックスを迎える河川遡上舟渡御神事です（写真④）。

　和歌山県の古座川町と串本町を流れる古座川には、川中に残る岩島である河内島があります。「河内祭の御舟行事」◆3は、古座川をさかのぼって来た三艘の御舟がこの岩島を回って執り行う神事と、この岩島を回る早舟競争のある河川遡上舟渡御神事です（写真⑤）。

　このように熊野川と古座川というやや離れた地域で、よく似た舟渡御が執り行われています。

　さらに興味を引くのは、御船島と河内島はどちらも川中に残る岩島であり、マグマからできた岩体を母体とすることです。マグマからできた火成岩体のあるところを河川が流れ、浸食から取り残された岩島が、霊場を形づくっているのです。

◆1　新宮の御燈祭り
神倉山にある御神体ゴトビキ岩から、白装束の上り子たちが松明を手にして駆け降りる春を告げる神倉神社の例祭（2月6日）。松明の流れが下り龍とされる。神倉神社は熊野速玉大社の摂社。

◆2　新宮の速玉祭
神馬渡御式と御船祭からなる熊野速玉大社の秋の例祭（10月15・16日）。御船祭では、熊野川の川中にある御船島を神幸船が回る河川遡上舟渡御神事が行われ、櫂伝馬（早舟）競漕で締めくくられる。

◆3　河内祭
古座川の川中にある河内島を御神体とする河内神社の夏の例祭（7月第4土・日曜）。御舟行事では、飾り付けた御舟や当舟（頭舟）が河内島を回る河川遡上舟渡御神事が行われ、櫂伝馬（早舟）競漕、獅子舞なども行われる。

これらはマグマからできた火成岩体が母体となった霊場であり、那智山や神倉山の霊場と共通します。

写真④　新宮の速玉祭（熊野新聞社提供）　中央が御船島

写真⑤　河内祭の御舟行事（古座川町提供）　左端が河内島

異なる岩の景観

Q5 伊勢神宮と熊野三山を結ぶ三重県側の伊勢路沿いには「花の窟」が祀られています。ここは風伝峠よりも北側にあって、那智大滝やゴトビキ岩とちがう岩のように感じます。この岩はどのようにしてできたのでしょうか。

写真⑥　伊勢路沿いの花の窟（熊野市）

A5 マグマ活動でできた岩石には、噴出した火砕流からできた流紋岩質火砕岩と、上昇して貫入した溶岩からできた流紋岩◆2（かつて花崗斑岩と呼ばれていた）の2種類があります。霊場を形づくる岩の景観が異なるのは、このためです。

　流紋岩質火砕岩は、風化によって滑らかな一枚岩状の岩盤や虫喰状の風化洞窟（タフォニ）を形成しやすい性質があります。これが「花の窟」（写真⑥）のほか、熊野市の獅子岩や鬼ヶ城です。

◆1　花の窟
熊野市有馬にある自然洞窟のある岩山で、花の窟神社の御神体。2月2日と10月2日に「お綱かけ神事」が執り行われる。

◆2　流紋岩質火砕岩と流紋岩
マグマ溜まりで起こった大爆発に伴って噴出した火砕流からできた流紋岩質火砕岩に対して、マグマ溜まりから上昇してきたマグマからできたのが流紋岩。いずれも鉄やマグネシウムに乏しいマグマからできた火成岩。

◆3　獅子岩　鬼ヶ城
熊野市の海岸岩壁に1kmにわたって連なる大小の洞窟が鬼ヶ城。やや離れて獅子の横顔のような獅子岩がある。明治末〜昭和初期には、修学旅行で訪れた学校が多かった。

これに対して流紋岩は、冷却とともに体積収縮でできた節理（割れ目）が発達します。節理に沿って崩壊してできた岩壁、風化でできた角のとれた丸い巨岩（風化コアストーン）を形成しやすい性質があります。これが、那智大滝やゴトビキ岩です。

　神倉山のゴトビキ岩のところで「熊野カルデラ火山」が登場しましたが、その北側にはほぼ同時期に活動した「熊野北カルデラ火山」がありました。この北カルデラ火山でできた流紋岩質火砕岩が、「花の窟」の母体になっています。

　熊野の2つのカルデラの間には、カルデラに先駆けて陸上に噴出した流紋岩（神ノ木流紋岩）があります。

熊野あれこれ ❷
那智経塚と魚の化石

那智大滝への参道沿いには、全国有数の遺跡である那智経塚がありました。経典を収めた経筒や観音菩薩の仏像や鏡像などが、たくさん埋納されていました。1918（大正7）年に出土した遺物は、熊野那智大社や那智山青岸渡寺のほか東京国立博物館に保管されています。数体ある観音菩薩立像は、極めて優れた美術品です。

この経塚から「魚の化石」が出土しています。当時の人々は、どのような思いで魚の化石を見つめたのでしょうか。熊野層群の化石である可能性があります。

那智経塚の魚の化石
（熊野那智大社所蔵）

巨大な「熊野カルデラ火山」があった!

Q6 那智山や神倉山の霊場は、マグマからできた火成岩体を母体にすることが分かりました。マグマの活動は、どのようなものだったのでしょうか。

A6 那智大滝のあたりに、火成岩体と熊野層群(堆積岩体)の地質境界があると述べました。この地質境界から、熊野層群を貫いてマグマが上昇したことがみてとれます。

　那智山、神倉山では、熊野層群を流紋岩(かつての花崗斑岩)が貫いています。ところが大雲取山、三重県南牟婁郡紀宝町の子泊山、熊野市紀和町の一族山では、熊野層群の上に流紋岩質火砕岩が乗っていて、熊野層群と流紋岩質火砕岩の両方を、流紋岩が貫いています。たとえば、那智勝浦町の「色川の坊主岩」(写真⑦)は、熊野層群の上にある流紋岩質火砕岩の奇岩であり、これを貫いた流紋岩が尾根に乗っています。

　これらからマグマ活動の順番が分かりました。大地が熊野層群からで

写真⑦　色川の坊主岩(那智勝浦町、1982年撮影)

きていたころに、まず膨大な量の火砕流が噴出して、流紋岩質火砕岩が広く大地をおおいました。そのあとで溶岩が上昇してきて、熊野層群を貫いたうえで、流紋岩質火砕岩の岩体内部に貫入して、流紋岩の大きな岩体ができたのです（図①）。

　流紋岩質火砕岩と流紋岩には、水中で砕けたり、急に冷やされたりした構造がないので、マグマ活動は陸化してから起こったものです。それは1400万年前のことでした。

　これらマグマ活動が、「熊野カルデラ火山」と「熊野北カルデラ火山」なのです。

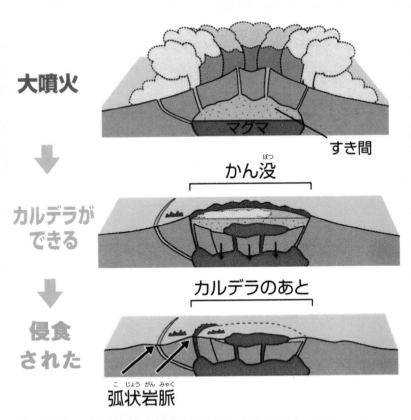

大噴火

マグマ

すき間

かん没
ぼつ

カルデラが
できる

カルデラのあと

侵食
された

弧状岩脈
こ じょう がん みゃく

図①　熊野カルデラ火山の活動（南紀熊野ジオパーク推進協議会、2017）

南北40km、巨大な陥没

Q7　この熊野カルデラ火山とは、どのようなものだったのでしょうか。

A7　古座川町の三尾川から那智勝浦町の浦神湾にかけて、古座川弧状岩脈が延びています。この弓状に曲がった弧状岩脈は大断層になっていて、熊野層群の地層はこの弧状岩脈を境に内側が落ちていて、落差は700mに達します。熊野市の風伝峠の西側には、熊野市紀和町の板屋から新宮市熊野川町の嶋津を通る板屋断層があり、南側が落ちていて、落差は700mに達します。

つまり古座川弧状岩脈から板屋断層へと環状につらなる大断層があり、その内側が落ち込んだ南北40km、東西23kmの大きな陥没構造があるのです（図②）。古座川弧状岩脈と板屋断層の間のところは、海中を通るほか流紋岩におおわれているので、昔の研究者たちは気づかなかったのです。

火砕流が地中から噴出して陥没が始ま

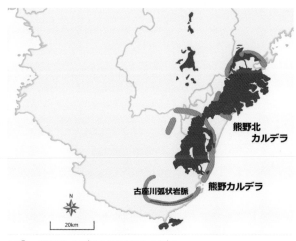

図②　熊野カルデラと熊野北カルデラ

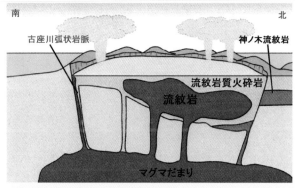

図③　熊野カルデラ火山の南北断面
（南紀熊野ジオパーク推進協議会提供の図に加筆）

り、陥没に伴ってさらに膨大な量の火砕流が噴出して、陥没地形は流紋岩質火砕岩で埋めつくされ、さらにあふれ出て大地を広くおおいました。この火砕岩体に貫入したのが、流紋岩です。これが熊野カルデラの地下の構造です（図③）。

海底で生まれた聖地！

Q8 和歌山県田辺市の本宮の霊場は、熊野川をさかのぼったところにあります。この霊場は地質の視点からみると、どのようなことがいえるのでしょうか。

A8 本宮の霊場は、熊野川と音無川の合流部にあって、川を聖なるものと畏れるとともに、川を鎮めるための祭祀の地とされていますが、ここ

写真⑧　本宮の備崎磐座群（田辺市）

にも岩が形づくる世界遺産の山岳霊場があります。熊野と「吉野・大峯」とを結ぶ大峯奥駈道の登り口近くにある「備崎磐座群」(写真⑧)です。熊野本宮大社の旧社地・大斎原を南から望む絶好の場所にあります。壁面に「結界」を示す三角マークが彫刻された岩もある、古くからの修験場です。

　ここは、斜面に密集した巨大岩塊が、霊場を形づくっています。これらの巨大岩塊は崩壊によって形成されたもので、海底で地層をつくった堆積岩である厚い砂岩を母体とします。

　このように厚い砂岩を母体として、崩壊によって形成された巨大岩塊を祀るのは、那智勝浦町の那智山から新宮市熊野川町小口を結ぶ大雲取越沿いの「円座石」、伊勢路沿いの「志古の磐座」、新宮市の相須神丸の「高倉神社跡」などがあります。

　那智山と神倉山などの霊場が、マグマ活動でできた火成岩体を母体とするのに対して、本宮や新宮市熊野川町には、海底で地層をつくった堆積岩体を母体とする霊場があるのです。

◆1　大峯奥駈道
紀伊半島を南北に延びる大峯山系を縦走する参詣道。山岳修験の場として復興された修行道でもある。奈良県十津川村の玉置山を通る。

◆2　大斎原
熊野本宮大社御創建の地と伝わる旧社地。明治の紀伊半島大水害(1889年)により多くの社殿を失い、大社は現在の地に移転した。旧社地には2基の石祠がある。

◆3　円座石
大雲取越の参詣道沿いにある巨岩。熊野三山の本地仏が梵字で彫られている。熊野三山の神々が集って話をしたという伝説の岩。

◆4　志古の磐座
熊野川沿いの志古にある磐座を祭祀の対象とする聖域。

熊野の大地はどうやって生まれた?

Q9 熊野の霊場は、マグマ活動でできた岩体のほか、海底で地層をつくった岩体が母体になっていることが分かりました。熊野の大地は、そもそもどのようにしてできたのでしょうか。

A9 本宮の「備崎磐座群」の母体である厚い砂岩をふくむ本宮付近の地層は、音無川付加体（かつての音無川層群）です。

付加体◆1というのは、深さ6000mを超える深海である海溝でできた地質体です。海溝は、海洋プレートが沈み込むところです（図④）。それで海溝には、陸地から流れ出た礫・砂・泥だけでなく、遠洋の海底につもったものも集まってきます。海洋プレートが、遠洋の海底につもったものを乗せてくるからです。それで付加体には、緑色岩類・石灰岩・チャート◆2などの海洋性岩石がふくまれます。

紀伊半島の大部分は、陸化した付加体からできています。このうち音無川付加体は、6000万〜5000万年前の付加体です。

図④　海溝・トラフと前弧海盆

一方、「志古の磐座」や「高倉神社跡」の母体となる厚い砂岩をふくむ堆積岩体は、付加体とはちがうでき方をしています。

　紀伊半島沖の南海トラフは、海洋プレートが沈み込むところですが、堆積物が厚く積もって海溝より浅くなっているので、トラフと呼ばれます。

Q 10　海底で地層をつくった岩体には、付加体とはちがうでき方をしたものがあるということでしょうか。

A 10　「志古の磐座」(写真⑨)や「高倉神社跡」(写真⑩)の母体となる岩体は、熊野層群という堆積岩体です。これは陸地から流れ出た礫・砂・泥が地層をつくった岩石ですが、遠洋の海底でできた岩石はふくまれません。つまり、海洋プレートの影響を直接受けない海底でできたことが分かります。

　大陸棚から海溝につながる海底の途中に、盆状のくぼ地(前弧海盆)◆3ができることがあります。これは隆起を始めた付加体の上が凹んだもので、付加体の上にできた海底です。深さ1000m前後よりも浅い海底です。このような海底に堆積したのが、熊野層群です。

　熊野層群は、紀伊半島南東部に広く分布し、下部層は泥岩の多い地層からなり、上部層には厚い砂岩層や石炭層がはさまれます。1800万〜1500万年前の堆積岩体です。

　熊野層群を乗せた付加体は、その後も隆起を続け、やがて陸化しまし

◆1　**付加体**
海洋プレート上にある堆積物が、海洋プレートの沈み込みによって、大陸プレート側にくっつきながらできた地質体。

◆2　**海洋性岩石**
遠洋の海底でできた緑色岩類(玄武岩)や石灰岩、チャート、赤色頁岩などのこと。陸地から流れ出た砂や泥はふくまれていない。

◆3　**前弧海盆**
日本列島のような弧状にならんだ山脈や島々に沿って、プレート境界との間の海底にできた盆のように凹んだ海底。陸地から流れ出た砂や泥が積もる。

た。そして1400万年前、熊野カルデラをはじめとする火山活動が起こり、熊野の大地の原形ができました。

　その後、大地は隆起を続けながら浸食を受けて、熊野カルデラの地下が地表に現れたのです。これが、熊野の大地ができたあらましです。

写真⑨　志古の磐座（新宮市）

写真⑩　相須神丸の高倉神社跡（新宮市）

聖地は3つの地質体

Q 11　熊野の大地ができたあらましは分かりました。これを踏まえて、熊野の霊場を地質からみると、どのように整理できるのでしょうか。

A 11　熊野の大地は、「付加体」、「前弧海盆の堆積岩体」、「火成岩体」という3タイプの地質体からできています。

　どの地質体にも霊場はみられますが、風化が進むと崩落・崩壊をくり返して、奇岩・巨岩・岩峰・滝・峡谷などが形成されやすい火成岩体に多くの霊場が成立しています。熊野の霊場が、紀伊半島南東部に多くみられるのは、火成岩の主岩体がここに分布するからです（図⑤）。

　このほか厚い砂岩が崩壊してできた巨大岩塊が、霊場になったところがあり、付加体や前弧海盆の堆積岩体が母体となっています。

　いずれも人智を超えた力の存在を感じさせる景観を形づくっています。

図⑤　熊野の火成岩の分布

熊野あれこれ ❸
弁天島と那智山
べんてんじま

　那智湾沿いに、波蝕台◆¹から岩が高く突き出した弁天島がありま
はしょくだい
す。祠と赤い鳥居があり、大潮の干潮時には歩いて渡ることができ
ほこら
ます。高く突き出した岩は、地下から上昇した熱水で硬化した部分
です。

　この弁天島あたりから那智山を望むと、緑の山腹のなかに白く光
る那智大滝を望むことができます（写真丸囲み）。「紀の松島」島巡り◆²で
も那智大滝を見ることができます。海から遠く望むことのできる白く
光る滝。那智大滝は海の熊野の重要な目印にもなっていたのです。

◆1　波蝕台
磯にある平坦な岩場。波の浸食によって形成された地形。
◆2　「紀の松島」島巡り
海の景勝地として知られる「紀の松島」を観光船で巡る島巡り。勝浦港から出
港する。昭和初期には、勝浦港は大阪と結ぶ航路の港であった。

巨岩に祈る　社殿のない聖地

Q 12　世界遺産に登録された霊場のほかに、熊野らしい聖地はないでしょうか。

A 12　熊野三山の周辺には、自然の造形物を直接拝礼する社殿のない聖地があります。

　中世の主要交通路であった熊野市の札立峠越（ふだたてとうげごえ）沿いにある巨大転石を祀る丹倉神社（あかくら）（写真⑪）は、静寂に包まれて流紋岩（神ノ木流紋岩）（こうのぎりゅうもんがん）の巨岩と一体となる聖地です。本宮の津荷谷（つがだに）にある「黒尊仏（くろそんぶつ）（倶盧尊仏（くるそんぶつ））」は、森を守る主のようにそそり立つ岩峰で、流紋岩（かつての石英斑岩）の岩脈です。

　古くから安産崇敬の聖地として信仰を集める紀宝町の神内神社（こうのうち）は、流紋岩質火砕岩にできた自然洞窟が祭祀の対象となります。

　古座川町にある穢れ（けが）を清める祓川（はらいがわ）（かつて古座川はこう呼ばれた）に突き出

写真⑪　巨岩を祀る丹倉神社（熊野市）

た流紋岩（かつての花崗斑岩）の岩鼻にある「祓の宮」（写真⑫）は、清閑な聖地です。

　これらは世界遺産に登録されていませんが、熊野らしい雰囲気のある聖地です。このように熊野三山の周辺にも聖地があり、世界遺産ばかりでなく、熊野の霊場は広いすそ野を持っていることが分かります。

写真⑫　祓の宮（古座川町）

「ちち様」「円座石（わろうだいし）」不思議な造形

Q 13 熊野の霊場は、地質と深いつながりがあることが分かりました。このほかに特徴的な聖地はありますか。

A 13 岩石ができた時の構造であるノジュール◆1（地層の中で水に溶けた物質が集まって沈殿・再結晶して固くなった団塊）が、修験の場や祭祀の対象となる聖

地があります。

　大雲取越沿いにある「円座石」には、ワラやイグサを編んだ 円 座（わろうだ）という敷物に似たノジュールが多くできていて、この霊石の名前の由来になっています。熊野層群の厚い砂岩のなかにできたノジュールです。

　田辺市本宮町本宮の音無川沿いにある「ちち様（乳古良石）（ちごらいし）」（写真⑬）は、豊かな乳房のように整った形のノジュールです。ほぼ同じ大きさの整ったノジュールが横に2つ並ぶのは、とても珍しいことです。母乳祈願の信仰対象であることはいうまでもありません。音無川付加体の厚い砂岩のなかにできたノジュールです。

　このほか古座川町池野山（いけのやま）の「高池の虫喰岩（たかいけ むしくいいわ）」にある虫喰状の風化洞窟（タフォニ）にできた穴は、耳病に効くという信仰対象になっていて、風化による構造が、祭祀の対象になっています。こちらはマグマからできた流紋岩質火砕岩です。

写真⑬　本宮のちち様（田辺市）

◆1　ノジュール
砂岩や泥岩のなかにできた球状や回転楕円体状の硬い団塊。地層に埋もれた生物遺骸が分解されてできた化学成分と、海水に含まれるカルシウムやマグネシウム、鉄などの金属イオンが反応してできたと考えられる。

丸い玉石、どうやって？

Q 14 熊野には、玉石を祀っているところがありますが、これはどのようにしてできた石なのでしょうか。

A 14 形の整ったきれいな玉石は、神社ばかりか、宅地の片隅に祠^{ほこら}を設けて祀られていたこともあります（写真⑭）。

その大きさは、両手のひらに納まるものから1mを超えるものまでさまざまですが、岩石はほとんどが流紋岩、流紋岩質火砕岩、砂岩です。

これらの玉石は、風化・浸食によって形成されたもので、大きな玉石はタマネギ状風化^{◆1}で形成されたものが多く、小さな玉石はポットホール（甌穴^{おうけつ◆2}）の中で丸く摩耗^{まもう}されたもののほか、海浜や河床で丸く摩耗されたものなどです。

玉石が祀られるのは、均整のとれた美しい球体が、自然の力で造られたところに神秘さを感じさせるからでしょうか。

写真⑭
古い宅地に祀られる玉石
（古座川町）

◆1　タマネギ状風化
岩石の外側から皮をむくように進む風化。角のとれた丸い岩ができる。
◆2　ポットホール（甌穴）
河床の岩場にできた球状のくぼみ。岩の割れ目に小石が入り込み、水流で小石が回転をくり返すうちに、割れ目が丸みのあるくぼみに広がり、入り込んだ小石が丸くなる。

故郷は、遥か遠くの海底火山

Q 15 熊野信仰の大切な玉石が、奈良県十津川村の玉置山^{たまきさん}◆1にあるそうですが、これはどのようなものですか。

A 15 熊野の聖地のひとつ玉置山には、山岳修験の信仰対象となるひとかかえほどの大きさの玉石が、玉石社に祀られています（写真⑮）。この玉石が、玉置山の名の由来だといわれています。この霊石の誕生には、2つの秘密がかくされています。

　まずひとつは、この玉石は海底火山でできた緑色岩類◆2（玄武岩^{げんぶがん}の一種）であることです。海底に噴出した溶岩は、海水で急に冷やされるので、海水に触れた外側が固まり、内部はドロドロのままの状態になります。このままで、溶岩が太いチューブになって流れたり、塊になって転がったりすると、枕状溶岩^{まくらじょうようがん}という独特の形の岩となります。

　もうひとつは、これらの枕状溶岩が誕生した地は、遥か遠くの遠洋の

写真⑮　玉置山の玉石（十津川村）

海底だったということです。遠洋の海底で生まれた緑色岩類が、海洋プレートとともに移動してきたのです。つまり海溝において、海洋プレートが沈み込んでできた付加体の緑色岩類であり、それが陸化して地表に現れているのです。

　玉置山付近の付加体は、南側にある音無川付加体よりも古い竜神付加体で、7000万年前の付加体です。一方、緑色岩類は、遥か遠くにあった遠洋の海底火山でできてから、海洋プレートとともに移動してきて、竜神付加体に取り込まれました。それで緑色岩類の年代は、竜神付加体の年代よりも古く1億年前を超えるかもしれません。このように付加体には、別の場所でできたうえに年代の違う岩石がふくまれています。

　玉石社付近には、枕状溶岩の岩塊がいくつもあります。なかには山道の土留めの石として使われていて、枕状溶岩のようすがよく分かるものがあります（写真⑯）。その大きさは、枕のサイズよりも大きくて、人の胴体くらいの太さがあります。

写真⑯
山道の土留め石に
用いられている
枕状溶岩（玉置山）

◆1　玉置山
大峯山系の南端にある標高1000mほどの山。神仏習合の祭祀の場、山岳修験の場として栄えた霊場であったが、明治の神仏分離令により寺院と宿坊が失われた。大峯奥駈道の復興された山岳修験の行場のひとつ。
◆2　緑色岩類
海底に噴出して熱水による変質作用で緑色鉱物（緑泥石や緑レン石など）が形成されて暗緑色になった玄武岩質である岩石の総称。

那智黒石って、那智山の石じゃないの？

　古くから那智山への供物や熊野 詣の証しとしての玉砂利が重宝されていて、黒い玉砂利を「那智黒石」というようになったようです。この那智黒石は、海浜にある黒い玉砂利のことで、紀伊半島のあちらこちらから流れ出した黒い泥岩の小石をさしています。

　江戸時代の紀行日記に、那智黒石を新宮の三輪崎・佐野で購入したとか、海辺の道に黒い玉砂利が多いと書いたもののほか、室町時代の日記に、昔は佐野の浜の小石を那智山へお供えしたと書いたものがあります。また平安時代から、熊野詣で浜の玉砂利を持ち帰って、これが民間に広まったと記述する書物もあります。さらに江戸時代には、屋敷の庭の敷石用として那智黒石を採取するよう御用命があったとも記録されています。

　これに対して明治・大正時代に入ってから、硯石や碁石、飾り石などの加工用石材として採掘されるようになった「那智黒石」があります（写真⑰）。今日では那智黒石は、この加工用石材のことを指して使用されています。これは熊野層群の泥岩で、三重県熊野市神川付近で採掘される特定の石材です。

　このように那智黒石には、玉砂利と石材という別々の石があるのに、市販の図鑑・事典・辞典では両者が区別されることなく、誤った記述になっているものが多くみられます。

写真⑰　那智黒石の里の碑（熊野市）

飛び跳ねたら、島が揺れた！

　新宮市の「浮島の森」（写真⑱）は、神倉山の修験場の一部になっていました。沼沢に囲まれた不思議な島が、霊威の宿るところとして修行の場に選ばれたのでしょう。1661（寛文元）年とされる文書には、「小池有、神蔵秘所之由、神蔵衆申候」とあります。美女おいのが大蛇に襲われて蛇の穴に呑み込まれたという「おいの伝説」は、ここが神聖な地であるから立ち入りを控えるよう伝える物語だったかもしれません。

　浮島の森は、「温暖な低地にありながら暖地性の植物と寒地性の植物が混生する浮島」として、1927（昭和2）年に国の天然記念物に指定されました。その後、昭和30年代頃までは、「メタンガスの泡に火をつけたら燃えた」「台風が来たら位置が変わっていた」「飛び跳ねたら島が揺れた」などのエピソードとともに遊び場にもなっていました。

　このように浮島の森が面白いのは、浮島が泥炭からできているからです。泥炭があるのは浮島だけでなく、江戸時代前期の『新宮古図』などの絵図に描かれた「藺之沼」の範囲におおむね一致します。このうち宅地化されたところは、泥炭の上に人工盛土をして、地盤がかさ上げされています。浮島の森の泥炭は、上位泥炭層と下位泥炭層に分かれ、これら2つの泥炭層の間に水の層があって、森の内部と西側で上位泥炭層が浮いた状態を保っています。森の北・東・南側では、2つの泥炭層が直接接しています。

　上位泥炭層の下面と下位泥炭層の上面からは、それぞれ240±40年前と250±40年前（1950年を起点）の放射性炭素年代値が得られています。一方、1839（天保10）年の『紀伊続風土記』には、「樹木の生えた浮島があり、踊躍すると響をたてて動いた」と記述されています。これから浮島ができたのは、江戸時代中期頃だったとみられます。古代・中世の文書に、浮島の記録がないのと符合します。

　過去の熊野川水害や巨大津波によって、浮島が形成されたと考える人たちがいますが、濁流の痕跡である砂礫質堆積物は見つかっていません。

写真⑱　浮島の森（新宮市）

◆1　おいの伝説

薪を採りに父と浮島の森に来た美女おいのが、箸にする枝を求めて森深くに入り、大蛇に襲われて蛇の穴に呑み込まれたという伝説。『雨月物語』(1776年刊行) の「蛇性の淫」の素材になったとされる。

◆2　泥炭

排水不良なところに堆積した植物遺骸がもとになり、植物遺骸が分解され切っていない堆積物。

◆3　放射性炭素年代値

生物遺骸や炭質物の放射性炭素^{14}C濃度から測定した年代測定値。生物体内の放射性炭素^{14}C濃度は、死後に一定の割合で減少し始めることを利用している。1950年を起点する年代値。

◆4　砂礫質堆積物

砂や細かい砂利 (砂礫質堆積物) は、水流で運ばれる。これが沼地の地層から見つかれば、洪水または津波のような水流が沼地まで到達したことを示す。

第 2 章

謎解きめぐり
熊野の古道

だいもんざか
大門坂（那智勝浦町）

「熊野三山」である本宮、新宮、那智の聖地は、それぞれ山々に囲まれた地にあります。それでこれら3つの聖地をつなぐ熊野参詣道[2]には、山を超える難所や川沿いの峡谷などがあり、変化に富んだ風景が続きます。熊野参詣道は、成り立ちの違う大地の上を通っていて、場所によって大地の性質の違いが現れるからです。

　熊野には、世界遺産に登録された巡礼の道である熊野参詣道のほかにも、趣のある熊野古道が残っています。筏師たちが集落に帰るのに歩いた筏師の道、集落と集落をつないでいた生活古道などです。

　ここでは「熊野三山」を巡る参詣道の風景を、自然と一体となって味わってみましょう。

⊙章扉の写真は須川達也氏にご提供いただきました

◆1　熊野三山
和歌山県南東部の本宮（田辺市）、新宮（新宮市）、那智（那智勝浦町）にある山岳霊場の総称。那智山青岸渡寺や補陀洛山寺にみられるように神仏習合の要素が残る。
◆2　熊野参詣道
紀伊山地の霊場と伊勢、京都をつなぐ古道。このうち特に文化的景観の残る古道が世界遺産に登録された。このほか筏師の道や集落をつなぐ生活古道などの熊野古道がある。

熊野マップ
古道と大地の
ふか～いかんけいをみてみよう

←高野川に至る

←高野山に至る

吉野・大峯に至る→

フォー

伊勢に至る→

曽根浦

楯ヶ崎

楯ヶ崎

玉置山
五大尊岳
四目山
万歳峠

大丹倉

風伝峠

鬼ヶ城

獅子岩

七里御浜

獅子岩

円座石

猪岩

桜茶屋跡
円座石

地蔵茶屋跡

妙法山

昼嶋
御船島

大門坂

新宮城跡

王子ヶ浜

高野坂

御船島

浜の宮

古座川の一枚岩

古座川の一枚岩
高池の虫喰岩

浦神の虫喰岩

佐部城跡

橋杭岩

樫野崎

N

潮岬

橋杭岩

20km

43

海の眺望素晴らしく

Q1　新宮市の高野坂は歩きやすいコース。波が打ち寄せる御手洗海岸の岩場の風景は迫力があり、小高い展望台から見える熊野灘の眺望も素晴らしい。ここはどんなふうにできたのですか?

A1　高野坂は、海に突き出た岩体を越える、潮香る参詣道です。昔は岩場の先端は、紀州御影石の石切場で、石材は海水の浮力を利用して運搬されたようです。

　3基の念仏供養碑のところから見ると、左手に砂利の浜の王子ヶ浜が広がり、その手前に茶色っぽい岩場が見えます(写真①)。これが紀州御影石です。ここでは岩場は風化して茶色っぽくなっていますが、新鮮な岩石はやや青い白色をしています。

　この岩体があるのは、新宮城のあった丹鶴山、ゴトビキ岩のある千穂ヶ峯もそうです。新宮城の石垣には、紀州御影石が用いられています。また三重県の尾鷲で採石されたこの石材は、江戸城の石垣に用いられています。紀州御影石は、マグマからできた岩石であり、高野坂はマグマからできた火成岩体を越える参詣道なのです。

　高野坂は、坂道を上ると平坦になって、歩きやすくなります。参詣道の両側の林の中には、玉砂利が残っていて、かつて海だったことを物語ります。串本町の潮岬、那智勝浦町の宇久井半島などの高台の平坦地と同じで、12万〜13万年の間に海から隆起した海岸段丘です。

◆1　高野坂
新宮の霊場から南に向かって海岸沿いの高台を越える熊野参詣道。熊野灘を望み、潮騒と潮の香りに包まれながら、照葉樹林を通る。
◆2　紀州御影石
硬い石材であるが、文字を刻んで碑文を保存するには適さない。53ページのコラムを参照。
◆3　新宮城跡
熊野川河口の丹鶴山にあった近世の城跡。沖見城とも呼ばれた。別名、丹鶴城。

写真① 高野坂から見た風景（新宮市）

古道に恐竜の卵?

Q2　那智勝浦町の那智山から新宮市熊野川町小口を結ぶ大雲取越^{おおくもとりごえ}は◆1
熊野参詣道の最大の難所と言われます。「胴切坂^{どうきりざか}」と呼ばれるように、傾
斜がすごく急な所もあります。峠が連なるこの部分はどうやってできたので
すか?

A2　大雲取越でよく尋ねられることがあります。それは、恐竜の卵のよ

◆1　**大雲取越**
那智の霊場と本宮の霊場を結ぶ熊野参詣道中辺路^{なかへち}のうち、標高700～800mの
山地を越える道。舟見茶屋跡、地蔵茶屋跡などがある。

写真②　風化コアストーン（那智勝浦町）

うな丸い巨岩（写真②）のことです。林道沿いでは、たくさん見かけます。

　これは風化コアストーンで、タマネギ状風化でできたものです。マグマからできた火成岩体には、冷えながら収縮してできた柱状節理が発達します。この節理（割れ目）に沿って風化が進むと、外側から皮をむくような風化に移り変わり、角の取れた丸い巨岩が形成されやすいのです。大雲取越と連なる山々には、風化コアストーンがたくさんできています。

　一般にマグマからできた火成岩体は硬く、節理に沿って岩壁を形成することがあるので、急峻な山々となり、また一段高い山々となって連なっています（写真③）。

　一方、大雲取越の登り口は、那智勝浦町の那智の大門坂、新宮市熊野川町の小口の円座石付近ともに、比較的緩やかな登り坂になっています。これはこの辺りが、海底に積もった砂や泥が固まってできた堆積岩体（熊野層群）からできているからです。

写真③　火成岩体の高い山並み（太地町から那智山方面を望む）

　　つまり、海底に積もった堆積岩体の上に、陸化して後に活動したマグマからできた火成岩体が乗っているところを通る峠道が、大雲取越なのです。

　　これら2つの異質な岩体の境界は、山腹の傾斜が変わる地形の変換線であり、土地利用の仕方の境界にもなっています。昔の棚田跡や集落

◆2　風化コアストーン
外側が風化して芯となって残った岩石。タマネギ状風化は34ページ脚注を参照。
◆3　柱状節理
岩体内部に柱状の岩塊が集まったような構造をつくる割れ目（節理）。岩体が冷却しながら収縮してできたと考えられている。
◆4　大門坂
那智の霊場にある石畳の道。山の麓から熊野那智大社、青岸渡寺をめざす道。60ページのコラムも参照。
◆5　地形の変換線
急斜面から緩斜面に移り変わるなど地形が変化するところ。おおまかに線状につながることが多い。

跡が、山腹の高いところに残っていますが、その上限がこれらの岩体の境界とおおむね一致します。

マグマの大地を歩く

Q3 高野坂や大雲取越などは、マグマからできた大地の上を歩いていると言っていいのですね。これは、熊野の大地の特徴と言ってもいいのですか。

A3 マグマからできた火成岩体が母岩になり、熊野の霊場や名勝・天然記念物などの文化的景観が形づくられています。これが、熊野の大地の特色のひとつです。熊野の霊場で祭祀（さいし）の対象となる那智勝浦町の那智大滝、新宮市の神倉山のゴトビキ岩、熊野市の花の窟（いわや）などは、その代表といえます。

　文化的景観をかたちづくるのは、南では串本町の橋杭岩（はしぐいいわ）、古座川町の古座川の一枚岩（いちまいいわ）（写真④）、高池の虫喰岩（むしくいいわ）、那智勝浦町の浦神（うらがみ）の虫喰岩（むしくいいわ）などがあり、「珪長質火成岩類（けいちょうしつかせいがんるい）◆1（石英や長石などの無色鉱物に富む火成岩類）」として和歌山県の石に選定されています。真ん中あたりには、那智勝浦町の色川（いろかわ）の坊主岩（ぼうずいわ）、宇久井半島、新宮市の高野坂、田長（たなご）の猪岩（ししいわ）などがあり、三重県南部には、熊野市の獅子岩（ししいわ）、鬼ヶ城（おにがじょう）、楯ヶ崎（たてがさき）（写真⑤）、風伝峠（ふうでんとうげ）、大丹倉（おおにぐら）などがあり、「熊野酸性岩類（くまのさんせいがんるい）◆2（酸性岩類は珪長質火成岩類と同義）」として三重県の石に選定されています。

　これらの母岩は、1400万年前の熊野カルデラ火山と熊野北カルデラ火山の活動でできたものです。

写真④　古座川の一枚岩（古座川町）

写真⑤　楯ヶ崎（熊野市）

◆1　珪長質火成岩類
鉄やマグネシウムに乏しいマグマからできた火成岩。地表や地下浅所でできたのが流紋岩。地下深部でできたのが花崗岩。

◆2　熊野酸性岩類
紀伊半島南東部にある珪長質火成岩類の総称。1400万年前の大規模な火山活動によりできた巨大岩体をつくる。地表噴出量の総量は、約780km^{3}と見積もられる。

海底の峠を越える参詣道?

Q4 大雲取越を下る途中に「円座石（わろうだいし）」があります。深い林の中にたたずむ姿がとても神秘的。どうやってできたのですか?

A4 円座石は、新宮市熊野川町の小口から楠ノ久保旅籠跡（くすのくぼはたごあと）へ登る途中にあります。この辺りの参詣道は、浅海の海底に積もった砂や泥からできた堆積岩体（熊野層群）を通っています。

　この辺りの熊野層群には、厚い砂岩層が発達します。それで崩壊が起こると、角張った大きな転石（巨岩）ができやすく、転石となった厚い砂岩が目につきます。そのうちのひとつが、円座石（写真⑥）です。

　この付近の厚い砂岩層からは、ノジュール（第1章 Q 13を参照）がよく見つかります。このノジュールの模様が、ワラやイグサを丸く編んだ円座（わろうだ）という敷物によく似ているので（写真⑦）、円座石と呼ばれてきました。

　熊野層群は、1800万〜1500万年前の地層です。

写真⑥　円座石（新宮市）

写真⑦　円座石のノジュール（梵字の上の模様）

Q5　新宮市熊野川町小口から田辺市本宮町の熊野本宮大社へ向かう小
雲取越<small>くもとりごえ</small>◆1まで歩くと、景観が少し違ってくると感じます。急な斜面も少ないで
す。大地のでき方が違うのですか？

A5　小雲取越は、海底に積もった砂や泥からできた堆積岩体（熊野層群）
を越える参詣道です。熊野層群の岩体は、マグマからできた火成岩体ほ
ど硬くないので、急な斜面が少ないのです。
　新宮市熊野川町の上長井<small>かみながい</small>の小和瀬<small>こわせ</small>からは、緩やかな尾根を登る古道
です。坂道には土砂流失を防ぐために、30〜50cm大の土留め石が整
備されています。興味深いのは、土留め石はほぼすべて、砂岩が裏返し
にされていることです。地層であった砂岩層の底面を上にして、土留め

石にしているのです。これは、砂岩層の底面の方が風化に強いからで、底面からは、生痕化石^{◆2}（巣穴などの化石）が、よく見つかります。

　小口付近には、3つの銅鉱山がありました。それで、鉱脈とともにできた石英脈のある砂岩も、よく見つかります。

　桜茶屋跡付近からは、起伏が少なくなり、さほど大きな岩塊が見られなくなります（写真⑧）。これは、泥岩の多いところを通る道となるからです。石堂茶屋跡付近では、細粒の砂岩や泥岩が、砥石として採石されていました。

　小雲取越は、半深海（水深：数百m〜1000m超）〜浅海（水深：数m〜数百m）に積もった熊野層群の堆積岩体を越える参詣道です。

写真⑧　小雲取越の風景（新宮市）

◆1　小雲取越
那智の霊場と本宮の霊場を結ぶ熊野参詣道中辺路のうち、標高450m前後の山地を越える道。桜茶屋跡、石堂茶屋跡などがある。
◆2　生痕化石
地層に残った生物が生存した痕跡。生物がはい回った跡、足跡、餌を食べた跡、排せつ物の跡、巣穴などがある。

熊野あれこれ❹

紀州御影石と宇津木石

江戸城の石垣に、熊野からも石材が届けられました。尾鷲の曽根浦から搬出されたもので、古文書が残るほか江戸城で石材が確認されました。新宮城の石垣

は、この石材からできています。これは紀州御影石で、比較的大型の石造物や台座あるいは護岸や石垣の基礎石・積石として使用された流紋岩(花崗斑岩)です。

串本町の潮岬や樫野崎の灯台の元官舎◆1は、石積みでできています。この石材は宇津木石◆2で、積石のほか五輪塔◆3や宝篋印塔◆4などの小型の石造物に使用された流紋岩質火砕岩です。

昭和50年代頃まで、採石業は成立していました。採石場は海や川の近くにあることが多く、石材を搬出しやすい場所が選ばれていました。

◆1 **潮岬や樫野崎の元官舎**
灯台を保守管理する職員用官舎として利用されていた石造りの建物。

◆2 **宇津木石**
形を整えやすい石材で、文字を刻むのに適する。石造物を記録する文書には、この石材を砂岩と記録するものがある。

◆3 **五輪塔**
密教で物質をつくるとされる5つの要素をかたどった5つの部分からなる塔。

◆4 **宝篋印塔**
宝珠が頂部にあり、隅飾などのある装飾性の高い供養塔、墓碑塔。

古道で見つかる貝化石！

Q6　新宮市熊野川町の志古から万歳峠に向かう伊勢路で貝化石などをふくむ岩石片や石炭片が見つかったそうですが、この辺りは海中だったのですか？

A6　志古から万歳峠に向かう伊勢路は、浅海の海底に積もった熊野層群の堆積岩体を登る参詣道です。砂岩・泥岩からは、貝化石・植物化石・生痕化石などが、よく見つかります（写真⑨）。

　伊勢路沿いには、「炭竈」という地名のところがあります。石炭の見つかるところです。石炭層は泥岩層に挟まれていて（写真⑩）、熊野炭田として1959（昭和34）年まで採炭されていました（第3章Q14を参照）。石炭層の厚さは平均25cm前後で、東に向かって傾いているので、西側では熊野川町の如法山山頂付近で見つかるのに、東側では熊野川付近で見つかり

写真⑨　伊勢路付近の植物化石（新宮市）

ます。参詣道沿いに、石炭片が落ちていることがあります。

　この辺りは、地層の傾きと山腹の傾きが同じ方向を向く流れ盤^{なが}^{ばん}◆2となっています。それで地すべりや崩壊が比較的よく起こり、参詣道のルートが小刻みに移り変わった可能性があります。

写真⑩　伊勢路付近の石炭層（新宮市）

◆1　伊勢路
伊勢と熊野三山を結ぶ熊野参詣道。万歳峠を経て小雲取越と熊野川沿いの志古を結ぶ伊勢路が和歌山県内にもある。
◆2　流れ盤
地層や節理（割れ目）などの面が、山の斜面と同じ向きに傾いている地盤。水を含むと崩れ落ちやすい。

修験の道は深海の道？

Q 7 熊野修験の道といわれる大峯奥駈道^{◆2}を少し歩いたことがあります。ここはごつごつとして岩場が多くて、大雲取越や小雲取越とはまた違った景観が見られるのですが、大地の成り立ちが違うのですか？

A 7 田辺市本宮町の本宮から奈良県十津川村の玉置山に至る大峯奥駈道は、砂岩・泥岩からできた参詣道です。ただ長い間、化石が見つからなかったので、よく分からない地層群とされてきました。

1980年代後半～1990年代後半に、泥岩の中から放散虫^{◆3}というプランクトンの化石が見つかり始めました。これをきっかけに研究は一挙に進み、この辺りは付加体からできていることが分かってきました。付加体は、海洋プレートが沈み込む海溝などの深海（水深：5000m以上）でできたものです。

大森山・五大尊岳（写真⑪）などの山頂付近の岩場は、海溝などの深海に積もった砂岩からできています。このあたりは6000万～5000万年前の音無川付加体、玉置山付近は7000万年前の竜神付加体です。本宮から玉置山に至る大峯奥駈道は、深海でできた付加体が、その後に陸化したところを通る参詣道なのです。

◆1 **熊野修験**
「迷妄を除き験得を得る」をめざして、熊野の山岳霊場で行われる修行。1872（明治5）年の修験禁止令で一時衰退した。

◆2 **大峯奥駈道**
25ページ脚注を参照。

◆3 **放散虫**
二酸化ケイ素（SiO_2）を主成分とする殻をもつ海洋プランクトン。岩石を薬品処理して走査型電子顕微鏡で観察する手法により、チャートや泥岩などから微化石として見つかるようになった。化石が見つかっていなかった地層から放散虫化石が見つかるようになり、日本列島の研究が大きく進展したので、「放散虫革命」といわれている。

写真⑪　大峯奥駆道の五大尊岳（田辺市、上野勝美氏提供）

3つの地質体をおさらい

Q8　参詣道をたどりながら、熊野の大地の成り立ちについて教えてもらいました。おさらいの意味で、3つの地質体について整理していただけないしょうか。

A8　熊野の大地は、火成岩体、堆積岩体(熊野層群)、そして付加体の3タイプの地質体からできています(図①)。そして地質体によって、参詣道の景観がやや異なることを紹介しました。

　火成岩体は、1400万年前の熊野カルデラと熊野北カルデラの大規模な火山活動によって、マグマからできた岩体です。風化が進むと、奇岩・巨岩・岩峰・滝・峡谷などが形成されやすいのが火成岩体で、流紋岩質火砕岩と流紋岩があります。

　この火成岩体の周辺には、半深海〜浅海に積もった砂・泥の地層からなる堆積岩体(熊野層群)があります。1800万〜1500万年前の地層です。付加体の上にできた海盆◆1に堆積したもので、前弧海盆堆積体ともいわれます。比較的低い山並みとなっています。

　そして付加体は、海洋プレートが沈み込む海溝などの深海でできた地質体です。陸から流れ出た砂・泥から

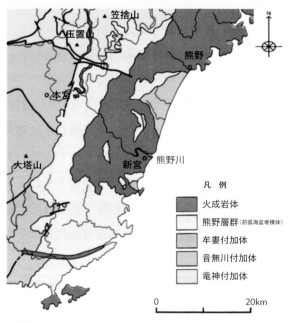

凡 例

- ■ 火成岩体
- □ 熊野層群(前弧海盆堆積体)
- ▨ 牟婁付加体
- ▨ 音無川付加体
- □ 竜神付加体

0　　　　　20km

図①　熊野三山周辺の地質図
　　　(中屋ほか、1999の吉松担当分より。一部加工)

できた堆積岩だけでなく、遠洋の海底火山に由来する玄武岩◆2や半遠洋の赤色頁岩◆3など、海洋プレートに乗って移動してきた岩石をふくむことが特徴です。さらに地層は激しく変形して褶曲◆4しているほか、大規模なスラスト（衝上断層）◆5で区切られて、同じユニットが何度も繰り返して現れることも特徴です（図②）。紀伊半島の大部分は、2億〜2000万年前の付加体からできています。

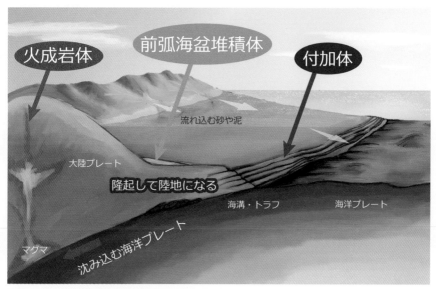

図②　3タイプの地質体のでき方

◆1　海盆
盆のように凹んだ海底。陸地から流れ出た砂や泥が積もるところ。

◆2　玄武岩
鉄やマグネシウムに富む苦鉄質マグマからできた火成岩のうち、地表や地下浅所でできた岩石。

◆3　赤色頁岩
極めて細粒な泥が金属成分を含みできた半遠洋〜遠洋性の岩石。海底に噴出する熱水と海水が反応して、金属成分が沈殿したと考えられる。

◆4　褶曲
地層が変形して曲がった構造。

◆5　スラスト（衝上断層）
地層が切れてずり動いた断層のうち、上位の地層が下位の地層の上にずり上がった変形を起こしている断層。

熊野あれこれ❺
大門坂の石畳
<small>だいもんざか</small>

　那智山に向かう参道である大門坂は、整えられた自然石からできた石畳の道です。歩きやすくするだけでなく、たくさんの参詣者に踏まれても長持ちするよう工夫されています。

　敷き詰められた石のほとんどは、砂が固まってできた砂岩ですが、その砂岩を"裏返して"敷いています。砂岩は地層になっていましたが、地層の底面の方が上面よりも壊れにくいからです。泥岩は

壊れやすく、ほとんど使用されていません。坂道では土が流れないように土留め石を置くことがありますが、これらも砂岩であれば"裏返して"置くのが普通です。

川の参詣道を楽しもう
下流に峡谷、特異な「熊野川」

Q9　川の参詣道も熊野古道のルートのひとつ。川舟くだりの舟に乗って、地質的景観を楽しみたいので質問します。新宮市熊野川町田長の「熊野川川舟センター」から乗り込むと、渓谷の風景に圧倒されます。この地形はどうやってできたのですか。

A9　この辺りの川の参詣道は、マグマからできた火成岩体を横切る熊野川を利用した古道です。熊野川が、硬い火成岩体を突っ切って流れるので、急崖せまる峡谷となっています。火成岩体を越える大雲取越の、ちょうど北側に位置します。

　熊野川と両岸から流れ込む水が、川沿いの岩体を洗うので、火成岩体の特徴がよく現れていて、際立った景観をかたちづくっています。

　川舟で下るルートは、流紋岩にできた節理（割れ目）がよく見られるほか、奇岩が続きます。屏風石、絹巻折石、ナビキ石（写真⑫）、畳石などが、その代表です。その中で陽石は、表面が滑らかで節理の発達しない流紋岩質火砕岩です（写真⑬）。

写真⑫　節理の発達するナビキ石（新宮市）

◆1　川の参詣道
熊野川沿いの本宮の霊場と新宮の霊場を結ぶ熊野参詣道中辺路。河川そのものが熊野参詣道となった。名所としていろいろな形の岩石の記録が残る。
◆2　熊野川川舟センター
川の参詣道の観光川下り舟を運営するセンター。川舟下りでは、晴天はもちろん小雨に煙るなど、さまざまな熊野川の表情を楽しめる。

写真⑬　節理のない陽石（新宮市）

　昼嶋には、天照大神と権現が碁を楽しんだ中食所であると記述する
古文書があります。ここは流紋岩の柱状節理の頂部が現れていて、碁盤
状の模様があるからです。

　熊野速玉祭の舞台となる御船島も、マグマからできた流紋岩体の一部
です。河内祭で舟が回る古座川の河内島も、マグマからできた流紋岩
体の一部で、よく似た舟渡御神事（第1章Q4を参照）が執り行われています。

◆3　権現
神号のひとつ。神々は仏の化身として現れたという神仏習合の考え方により権現
と呼ばれる。

川をさかのぼると風景一変?

Q 10 川舟センターから川をさかのぼって質問をします。田長の上流部、新宮市熊野川町の日足からは風景が一変します。ここはどんなでき方をしたのですか。

A 10 川舟センターから川をさかのぼっていくと左手（右岸）に、田長の猪岩があります。川の参詣道からみると、顔を低くして突進しようと構えた巨大なイノシシのように見えます（写真⑭）。「熊野川中第一の奇山か」と記述する古文書もある一枚岩状の岩盤です。国道168号は猪岩の直下を通るので、この景観が見逃されるのは残念です。

　ここを通り過ぎると、赤木川が合流して田園風景に変わり、空が広く見えるようになります。つまり田長と日足の間に、地形の変換線があるのです。さらに奇妙なことに、川の下流である田長から下流側では、川幅

写真⑭　田長の猪岩（新宮市）

は狭くなっているのに対して、川の上流である日足から上流側では、逆に川幅は広くなっています。

　これは、田長と日足の間に、2つの異質な岩体の境界があるからです。田長の猪岩から下流側には、マグマからできた火成岩体があります。一方、日足から上流側には、半深海〜浅海に積もった砂や泥が固まってできた堆積岩体（熊野層群）があります。火成岩体のところが急崖せまる峡谷なのに対して、熊野層群の堆積岩体のところは、緩やかな山腹の山並みが連なります（写真⑮）。

　大雲取越でも、火成岩体と熊野層群の境界は、地形の変換線であり、土地利用の仕方の境界になっていました。

　このように熊野川は、下流部に狭くて長い峡谷のある特異な川です。この川の地形が、上流側にあたる新宮市熊野川町日足や志古などで、洪水が起こりやすい要因となっています。

写真⑮　日足から見た風景
（右手の高い山が火成岩体、左手の低い山が熊野層群、新宮市）

◆1　地形の変換線
　47ページの脚注を参照。

熊野あれこれ ❻

樫山砥石と石堂砥石
（かしやま と いし　いしどう と いし）

　かつてはどこの家にもあった砥石。鉈や斧などの作業用具、包丁などの台所用具のほか、子どもの遊び用ナイフを研ぐのにも欠かせないものでした。

　古座川町産「樫山砥石」や熊野川町産「石堂砥石」は上質の砥石用石材でした。熊野層群のシルト岩（細粒砂岩よりさらにきめの細かい岩石）で、海底に堆積した泥に由来する石材です。今日では和食の調理師の間で、自然石の砥石がとても重宝されていますから、熊野の砥石ブランドが復活できれば素晴らしいですね。

Q 11　さらに上流へ向かうと新宮市熊野川町相須（あい す）の椋呂（むくろ）付近にはぎざぎざの岩がむき出しになった迫力のある景観が見えてきます。これも火成岩体ですか?

A 11　国道168号の対岸にある四目山（し もくさん）は、柱をたてに並べたような柱状節理がよく見える風景が特徴です（写真⑯）。マグマが冷えながら収縮してできた構造です。

熊野層群の堆積岩体の中を、西から東に向かって低角で上昇してきたマグマからできた岩脈で、流紋岩（かつての石英斑岩）です。熊野川にかかる敷屋大橋北側の道路沿いに岩脈が現れ、十津川第2発電所の下流に熊野層群と流紋岩の境界が現れます。田長から下流にある熊野酸性岩類とは別の、大峯花崗岩質岩のグループです。大峯奥駈道に沿っても、マグマからできた火成岩体があるのです。

　敷屋大橋付近から四目山にかけての河床には、絹巻石などの大きな岩塊がたくさん落ちています。これらは、この火成岩脈が崩壊したもので、「御用石取場」と記述する古文書があり、石材として利用されたことがわかります。

写真⑯　四目山の火成岩脈（新宮市）

◆1　**大峯花崗岩質岩**
大峯地域に南北に分布する珪長質火成岩類の総称。北部に花崗岩、花崗閃緑岩の岩体、南部に流紋岩（花崗斑岩）の岩脈がある。活動の時期は、熊野酸性岩類と重なる。

◆2　**絹巻石**
柱状節理（47ページの脚注を参照）の形が残る崩壊岩塊。「巻軸の状をなす」と記述する幕末の紀行文もある。

◆3　**御用石取場**
崩壊岩塊が集まっている熊野川右岸の場所。熊野三山の造営用石材が採石されたと伝わる。

入り江だった参詣道

Q 12 大雲取越や小雲取越など山間部を通る参詣道は分かりました。新宮市の三輪崎や佐野の海岸部の参詣道を歩く時は、どんな大地を踏みしめているのでしょうか?

A 12 新宮市街の地下からは、貝化石・材化石[1]がたくさん見つかりました（写真⑰）。これらの貝化石は、入り江の砂泥底に生息するものや潮間帯（満潮線と干潮線の間）の岩に付着するものです。さらにアカホヤ火山灰[2]が、見つかっています。アカホヤ火山灰は、7300年前に南九州で噴火した
鬼界_{（きかい）}カルデラから飛んできたものです。これらのことから、7300年前（縄文時代早期）には、新宮市街（三輪崎・佐野を含む）は入り江になっていたこと

写真⑰　市街の地下から見つかった貝化石（新宮市）

◆1　**貝化石・材化石**
貝の化石や木材の化石。
◆2　**アカホヤ火山灰**
南九州の鬼界カルデラから飛んできたガラス質火山灰。広い範囲に降下した火山灰は、広い範囲にわたって同じ時間面を決める鍵になる。

が分かります。

　新宮市街では、熊野川沿いに標高7〜10mの自然堤防、王子ヶ浜沿いに標高7〜9mの浜提[3]があり、周りより高まった地形が伸びています。また三輪崎・佐野地域では、海岸沿いに標高7〜9mの浜提があり、周りより高まった地形が伸びています。このような高まった地形が連なるところが、参詣道として利用されたと考えられます。

　新宮市街が入り江であったころ、海は陸側に入り込んでいました。那智勝浦町では、天満から勝浦にかけて海がひろがり、勝浦付近は陸から離れた島になっていました。宇久井ビジターセンター[4]のある宇久井半島も、同じように島になっていました。これらの島と陸の間に砂礫が集まって砂州ができて、陸とつながった陸繋島になったのです[5]（写真⑱）。

写真⑱
宇久井半島を
陸とつないだ砂州
（那智勝浦町、
画面左側は
埋め立て地）

◆3　浜提
海岸に沿って延びる砂礫からなる地形の高まり。かつて沿岸州であったところ。浜提の山側には低湿地や池がある。熊野市有馬〜新宮市三輪崎では、ここを国道42号とJR線路が通るところが多い。
◆4　宇久井ビジターセンター
吉野熊野国立公園の情報提供や展示、体験などを行う環境省の施設。自然観察会、体験教室、展示会、講演会などを実施している。
◆5　陸繋島
砂州で陸地とつながった島。潮岬も陸繋島である。

波に洗われ、心地よい音奏でる小石

　三重県の紀宝町から熊野市にいたる七里御浜や新宮市の王子ヶ浜には、いろいろな種類の美しい御浜小石があります。紀伊半島を南北に熊野川が流れて、いろいろな種類の岩石の小石を運んできます。紀伊半島が海であった時代に深海や浅海でできた岩石のほか、陸化してから起こった火山活動でできた岩石もあります。

　赤色のチャートと緑色の緑色珪質頁岩は深海でできた岩石、灰色〜白色の砂岩と黒っぽい泥岩は深海や浅海でできた岩石です。小石にあるきれいな模様は、砂などが積もる時にできた模様のほか、その後に変形して曲がったりずれたりした模様、さらにその後に風化しながらできた色模様があります。マグマ活動に伴う熱水の影響を受けて、白い脈に貫かれた小石も見つかります。海洋プランクトンの化石や火山灰を含む岩石もあります。

　キラッキラッと光る粒が入っているのは、マグマからできた流紋岩で、ガラスのかけらのような石英と白っぽい長石が目立ちます。風化して茶色くなった流紋岩もあります。

　御浜小石は、丸みのある美しい形をしています。小石は、波によって打ち上げられたり転がり落ちたりしながら、丸みのある形になっていきます。さらに波に乗りやすい薄く平たい形の小石が満潮線より上の方に、引き波で転がり落ちやすい厚みのある形の小石が干潮線あたりに集まっています（写真⑲）。

　波とともに響く音に耳を傾けると、楽しさは倍増します。引き波とともに、御浜小石は転がり落ちながら互いにぶつかり合って、リズミカルな独特の音をたてます。小石が小さければ軽い音に、大きければ重い音になりますが、ちょうど心地良い音になる大きさの玉砂利が御浜小石です。

◆1　七里御浜
紀伊半島南東部にある礫（砂利）浜。熊野川河口より北側の七里御浜と南側の王子ヶ浜を合わせて延長24km。

写真⑲　七里御浜（御浜町）

武士たちの雄たけび響いた山城！

　中世の熊野にも、たくさんの山城や丘城がありました。築城には地形が巧みに利用されていて、高い尾根は「浸食小起伏面[1]」、川や海を見下ろす尾根は古い「段丘地形[2]」、川や海に沿う高台は新しい段丘地形であるところが多く、低地に囲まれた「環流丘陵[3]」も選ばれています。まわりの勢力の動きを把握して狼煙などで情報を伝えられるように遠方まで見渡せる場所にあったり、交通の要衝となる峠道、河川、海路を押さえる場所にあったり、防御を重視した要害の地にあったりします。

　織田信長や豊臣秀吉らの時代には、新宮を拠点にした堀内氏が、1580（天正8）年に熊野川沿いの浅里城（三重県紀宝町浅里）を攻めて落城させ、1581（天正9）年にこれまでも何度か攻撃していた那智川河口の勝山城（那智勝浦町浜の宮）を落城させています。

　本能寺の変のあった1582（天正10）年には、堀内氏が10年間余り侵攻を試みていた那智勝浦町の色川に対して攻勢をかけたものの、色川勢は鎌ヶ峯城（那智勝浦町色川）に籠城し、攻撃に屈しなかったと記録されています。那智勝浦町の太田川の中・下流には、山城が集中しているのですが（図③）、これらの山城は堀内勢力の侵攻に対して、上流の色川を防御するための、情報収集・伝達のネットワークであったかも知れません（写真⑳）。

　さらに1583（天正11）年には、堀内氏が南進して改築していた佐部城（串本町佐部）の攻防戦があり、鉄砲が勝敗を決して落城しています。これより古く1550（天文19）年前後には、北進する堀内氏と、これに対する三重県熊野市付近の有馬勢との合戦が、三重県御浜町市木付近でくり返されています。

　このように熊野でも、合戦が起こっていました。

◆1　浸食小起伏面
山地の尾根にある緩やかな起伏のある地形面。浸食により形成されたと考えられる。
◆2　段丘地形
見晴らしの良い高台の平坦地と急崖がつながる地形。海岸沿いのものは海岸段丘、川沿いのものは河岸段丘。
◆3　環流丘陵
低地に囲まれて孤立した丘陵。曲流（蛇行）する河川によって形成された丘陵地形。

図③
太田川流域の
中世の山城図

色川へ

那智勝浦新宮道路

那智中学校

勝浦小学校

城山

くじらの博物館

太地中学校

太地小学校

小匠城

要害ノ森城

横地山城

御社森城

下里城

頼子城

太地城

和田城

小匠

出合

太田小学校

南大居

中里

市屋

尾捨山城

八尺鏡野

中山城

下長井

下里中学校

土井屋敷

下里小学校

写真⑳
御 社 森城跡の
みやしろのもり
堀切
（那智勝浦町）

ヴォー

第 3 章

謎解きめぐり
熊野の
大地のめぐみ

水力発電所の取水堰（新宮市高田）

鬱蒼とした森の景観を示す「隠り成す」という意味が、熊野の語源であるという考え方があります。熊野は太平洋から湿潤な大気が流れ込む位置にあるのに加えて、湿った大気を上昇させて雨雲を発達させる熊野海岸山地があり、このような大地の成り立ちが豊かな森林を育んでいます。

　紀伊半島は、西日本と東日本を結ぶ海路にクサビを打ち込むように太平洋に突き出ていて、古くから海の民が活躍する場でもありました。近世になると、見晴らしの良い高台と舟置き場となる入り江を活かして、日本遺産「鯨とともに生きる」に認定された古式捕鯨の場ともなりました。

　熊野の温泉はよく知られていますが、それだけでなく鉱山や炭田という地下資源にも恵まれ、地域を支える産業となっていた時代がありました。

　ここでは産業を育んできた大地のめぐみという視点から、熊野の産業に目を向けてみましょう。

◆1　日本遺産「鯨とともに生きる」
熊野灘沿岸の一大産業であった捕鯨業は、食文化、祭り、伝統芸能などの文化として今日まで受け継がれており、文化庁から日本遺産に認定された。
◆2　古式捕鯨
鯨の発見から捕獲までを組織的に行う江戸時代初期に始まった捕鯨。役割分担した舟からなる舟団と陸にある山見が連携しながら行われた。

熊野マップ
歴史・産業と大地の
ふかーいかんけいをみてみよう

縄文遺跡

トロッコ電車

温泉

湯泉地温泉

下尾井遺跡

十津川温泉

水力発電

紀州鉱山跡

松沢炭鉱跡
志古炭鉱跡

川湯温泉

大里水力発電所

鮒田水力発電所跡

製紙工場

滝本水力発電所

色川辻

色川富士見峠

那智水力発電所

妙法鉱山跡

宇久井半島

ゆかし潟

紀の松島

燈明崎

捕鯨文化

下里古墳

下里古墳

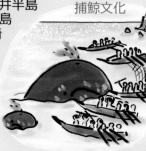

すさみ温泉

月の瀬温泉

宝島海岸

N

潮岬

20km

どしゃ降り！の熊野

Q1　熊野は、温暖なだけでなく雨の多いところでもあり、このような気候が豊かな森林を育んでいるといわれます。熊野の雨には、どのような特徴がありますか？

A1　熊野の雨には、2つの特徴があります。まずひとつは、1回に降る雨の量が多いことです。私は学生として広島で過ごしましたが、広島と熊野では人々の雨への感覚が違っていました。広島の人たちが「よく降る」という雨は、熊野では「普通の雨」という程度のものでした。また、熊野に移住されたり転任して来られたりすると、熊野の雨は「1粒が大きい」と驚かれる人たちもいます。特に夏季には、どしゃ降り型の雨が多くなります。

　もうひとつは、雨の日が多いということです。和歌山県北山村では、1943（昭和18）年8月に、降水日数30日という記録があります。これはひと月の間、毎日いずれかの時間に雨が降ったということですね。また連続7日以上の長雨は、1965年から1979年までの15年間に21回とかなり多くて、4月〜9月にみられます。

　このように熊野は、短時間雨量が多くなりやすく、あわせて連続雨量（累積雨量）も多くなりやすいところです。1年間を通してみると、年間降水量が4000mm（平年値）を超える地域が、2つあります。そのひとつが三重県の尾鷲から大台ヶ原にかけての地域、もうひとつが那智勝浦

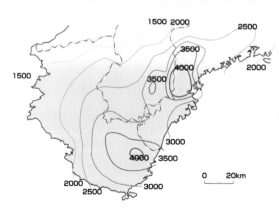

図①　年降水量の分布図

町の色川地域です。そしてこれら2地域の間に、年間降水量3000mmを超えるエリアが連なっています（図①）。つまり、年間降水量が多いのは、紀伊山地の中央付近ではなく、紀伊半島の南東側に片寄っているのです。

雨もたらす「熊野海岸山地」

Q2 雨の多いエリアが、紀伊山地の中央付近ではなく、紀伊半島の南東側に片寄っているというのは意外でした。どうして、そのようになっているのですか？

A2 紀伊半島南東部の雨の多いエリアは、あるものとよく重なっています。それは、「熊野海岸山地」と呼ばれていた山地です。この山地の名前は、現在では使われていませんが、戦前の地図や論文に登場します。紀伊半島南東海岸に沿って連なる山地で、マグマからできた火砕岩や流紋岩という硬い岩石（硬岩）からできています。◆1

三重県尾鷲市付近から三重県熊野市と和歌山県新宮市を経て那智勝浦町の那智・色川付近まで、標高700～900mを超える山並みが連なります（図②）。尾鷲市の西側で大台ヶ原山地へと連なりますが、それ以外のところでは周辺の山並みが標高300～500mくらいですから、周囲より一段高い山並みとなっています。遠く富士山を撮影することに成功した2つの地点（妙法山富士見台：標高714m、色川富士見峠：標高882m）が、この熊野海岸山地にあります。

さて、雨を降らせる低気圧や前線は、大気が上昇しているところです。

◆1 **硬岩（軟岩）**
岩石の硬さによる分類で、ハンマーでたたくと金属音がするレベルの硬さが硬岩、濁音がするレベルの硬さが軟岩。硬岩と軟岩では専門とする石工は別であった。

水蒸気をふくむ大気が上昇すると、雨を降らせる雲ができるからです。そして山地もまた、上昇気流が起こりやすいところです。特に、海の上を通ってきた大気は、水蒸気を多くふくむので、積乱雲のような大きな雨雲をつくりやすくなっています。熊野に向かって、南側から大気が流れ込む気圧配置になると、熊野海岸山地付近で湿った大気が上昇するので、雨が降りやすくなります。そして、多量の水蒸気をふくむ大気が、長時間にわたって流れ込み続けると、災害を引き起こすような豪雨になります。

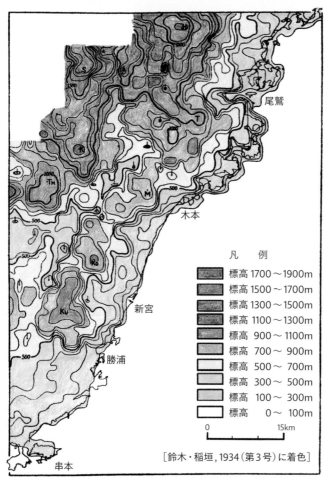

凡　例

	標高 1700〜1900m
	標高 1500〜1700m
	標高 1300〜1500m
	標高 1100〜1300m
	標高 900〜1100m
	標高 700〜900m
	標高 500〜700m
	標高 300〜500m
	標高 100〜300m
	標高 0〜100m

0　　　　　　　15km

［鈴木・稲垣, 1934（第3号）に着色］

図② 熊野海岸山地付近の地形概略

富士見峠の近くには?

　色川富士見峠(標高882m)へは、大雲取越の色川辻(標高762m)か
ら西に向かう山道を進みます。その途中で起伏の緩やかな小麦 平
に出ます。昭和50年代には、ススキで覆われたミニ高原としてよく
知られたハイキングの場所でした。

　昭和20年代には、スギゴケやカヤが密生してヤナギの木が点在
する湿地であったと記録され、広い範囲から黒色の埋没土壌[1]が見つ
かります。標高800m付近に湿原があったのです。このように熊野
海岸山地には、尾根の上に緩やかな窪地が残るところがあります。

◆1　埋没土壌
地下浅所に埋没している過去の土壌。年代や環境を知る手掛かりになる。

水力の電気、新宮が最初！

Q3 和歌山県で最初に水力発電による電気が灯ったのが新宮だったそうです。当時から雨の多さが注目されていたのですか？

A3 新宮に初めて電灯が灯ったのは、1899（明治32）年のことでした。「水力電灯 昨宵より点火せるにつき、（中略）町々歴覧し来れるに会社の前ニハ観者群集なし居り、」という「小野日記」が残っています。◆1

　新宮に初めて電気を供給したのは、三重県紀宝町の鮒田水力発電所でした。その後1903（明治36）年に同町の大里、1913（大正2）年に那智勝浦町の那智、1919（大正8）年に三重県御浜町尾呂志の平野と新宮市の高田、1921（大正10）年に新宮市熊野川町の滝本、1927（昭和2）年に三重県熊野市紀和町の矢ノ川の各水力発電所が運用を始めました。

　水力発電は、熊野が多雨地帯であることを活かしたと考えられがちですが、明治後期・大正期の水力発電所は、熊野海岸山地にできた滝や渓流のある地形を巧みに活かして建設されたものでした。これらの水力発電所では、発電用水の取水口を滝や渓流の上部に設け、そこから緩やかな勾配の導水路で水を導き、大きな落差を得られる地点に発電所を建設しているのです（写真①）。那智勝浦町の那智水力発電所の取水口のみ、那智大滝と陰陽の滝の下流に設けられています。

　熊野川本流に築堤する水力発電所の計画は、1921（大正10）年前後からありましたが、地元から反対運動が幅広く起こり、実現しませんでした。熊野川本流は、木材・木炭・樽丸板などの生産物資の搬出、および米・◆2 麦・塩・醤油・酒・日用品などの生活物資の運搬の主要な交通路であったほか、新宮と十津川村小原を結ぶ定期プロペラ船が旅客・貨物を運送◆3 していたからです。

　このようにして熊野の家々に、電気が灯るようになりました。おかげで主婦や子どもたちは、とても喜んだといいます。ランプのスス取りを、

毎日しなくて済むようになったからです。

　これら明治後期から昭和初期に運用を始めた水力発電所は、渓谷の地形を活かして造られました。それで水害が起こると、取水堰や導水路などがくり返し被害を受けてきました。鮒田発電所跡には、取水堰の上流側に砂防用の石積み堰堤跡が残っています。矢ノ川発電所は、水害のために運用開始からわずか４年間で廃止になりましたが、取水堰や発電所などの施設跡が残っています。

写真①　鮒田発電所用の取水堰と取水口の跡（紀宝町）

◆1　小野日記
新宮生まれの小野芳彦氏の日記。明治24年10月17日〜昭和7年2月9日分（一部散逸）が残り、その一部が『新宮市史　史料編下巻』に収録されている。
◆2　樽丸
酒樽などの用材として加工されたスギ材を竹の輪で束ねたもの。香りと色合いが良く木目が細かいスギ材が選ばれた。
◆3　定期プロペラ船
吃水線の浅い船の後部に、エンジンとプロペラを付けた船。川の浅瀬でも運行でき、旅客・貨物を輸送する定期船として運行されていた。

地形活かした集落や棚田

Q4 最初のころの水力発電は、熊野海岸山地の地形を巧みに活かしているのですね。このように地形を活かした例は、他にもありますか?

A4 新宮市熊野川町小口（こぐち）にある大休場（おやすば）付近の集落跡（写真②）には、標高250m付近に緩やかな勾配の用水路跡が残っています。用水路の上流は水量豊富な谷の中腹につながっていて、そこから緩やかな勾配の用水路が設けられ、とても広い範囲に水が供給されていたことが分かります。さらにこの用水路に並走して、生活古道が通っています。

　この用水路は、まさに絶妙な位置に設けられています。火成岩体と熊野層群の境界のやや下あたりを通しているのです。火成岩体は硬岩で急な傾斜の山腹となるのに対して、熊野層群は軟岩である砂岩や泥岩であり、山腹がやや緩やかな傾斜に変わります。さらに地質境界付近には、

写真②　大休場付近の集落跡の磨崖仏（新宮市）

写真③　周囲より一段高い熊野海岸山地（那智勝浦町）

火成岩が崩れた崩積土のゾーンがあります。それで工事が容易であると
ともに、災害リスクの比較的低いところを選んで、用水路を通している
のです。このような位置には、昔の生活古道も通っています。新宮市小
口から鎌塚を経て滝本につながる生活古道、あるいは那智勝浦町の那
智から色川へつながる生活古道などがあり、起伏の比較的緩やかな山
道になっています。

　このように山の斜面に集落が開かれ、棚田で農業が営まれているとい
うのは、昔は普通の風景だったのでしょう。今ではスギ・ヒノキの森に
なっているところにも、立派な石垣のある集落跡が残っていて、その周
辺に石積で造られた棚田跡の広がるところがたくさん残っています。そし
て集落跡や棚田跡は、火成岩体と熊野層群の境界のやや下あたりから
広がるところが多いのです（写真③）。

　1950年代（昭和30年代前半）まで、多くの地域で山腹に棚田があり、集
落ができていました。その後、川沿いに車の通る道ができるにつれて、
山の斜面にあった集落が姿を消し始めたのでした。

◆1　崩積土
地盤が崩壊してできた過去の崩壊土砂や土石流堆積物。

「木の国」の恵み

Q5　熊野は水の国であるとともに、木の国ともいえますね。熊野の豊かな自然は、どのような恵みをもたらしたのでしょうか？

A5　熊野とは、鬱蒼（うっそう）とした森の景観を示す「隠（こも）り成（な）す」という意味であり、「久茂理（くもり）」が転じたという考え方があります。熊野の語源が、景観に由来するというのは、説得力があります。

　さて熊野の林業には、2つの転機がありました。まずひとつは、中世末から近世にかけて、都市部の大規模建築に用いられた材木が、熊野を流れる北山川流域から調達されたことです。京都の方広寺（ほうこうじ）大仏殿の建立、伏見城（ふしみじょう）や江戸城の築城などのためでした。また北山郷では年貢を材木で納めることになり、幕府へ御用木を納めるようになりました。多量の木材を運び出すための筏（いかだ）流しルートが整備され、商用材の流通へとつながったのです。

　なかでも北山川の筏師（いかだし）たちは、筏を操作する技術が巧みだと評価されていました。北山川は下刻曲流（かこくきょくりゅう）により形成された急流で、七色（なないろ）、神護（ごじ）、音乗（おとのり）などの難所がありました（写真④）。筏師たちは急流で鍛えられ、高度な技術を身に着けるとともに、強い仲間意識をもって技術が受け継がれました。

　もうひとつは、明治末から昭和にかけて、熊野川河口で、製紙やパルプの近代工場が操業されるようになったことです。元々は製材でできる木材片を有効に活用しようとして始まったのですが、戦後の混乱期には、林業の復興につながるとともに、多くの雇用を生み出しました。

　新宮市では、1912（明治45）年の操業開始である紀熊（きゆう）製紙所（のちに王子製紙熊野工場から本州製紙熊野工場へ。現在は王子製紙記念公園）、1940（昭和15）年の操業開始である新宮木材パルプ（のちに巴川製紙新宮工場へ。現在は大型商業施設）、そして三重県紀宝町では、1951（昭和26）年の操業開始である

紀州製紙パルプ紀州工場（現在の北越製紙紀州工場）です。

　専用の鉄道線路が製紙工場まで引き込まれ、貨車が走っていたのは懐かしい風景です。

写真④　北山の筏流し（北山村、中瀬古友夫氏提供）

◆1　北山郷
熊野川に合流する北山川の流域で、紀州からみて伯母ヶ峯や大台ヶ原の南側を北山と呼んだ。大和の国に属する和州領北山と紀伊の国に属する紀州領北山。

◆2　筏流し
山間部から木材を搬出する手段として、丸太を並べてつないだ筏を流した。北山川沿いでは1500年代末期（天正〜慶長年間）に筏流しルートの整備が進み、1960年前後（昭和30年代半ば）まで続いた。

◆3　筏師
丸太をつないで筏をつくり、筏を操作して川を流す職人。北山村では観光筏下りが行われているが、これは筏づくりと操作技術の文化的継承をかねている。

◆4　下刻曲流
山地を流れる河川の峡谷状の曲流。穿入蛇行ともいう。自由に曲流（蛇行）していた河川が、大地の隆起に伴って、下方への浸食に移行したことを示す地形。

熊野あれこれ ❽

筏師の道

　熊野川流域から木材を運び出す筏師たちは、新宮まで筏を流し終えると、街道を通って自分たちの村々まで歩いて帰りました。このうち北山筏夫たちが通った道は、筏師の道として魅力的な景観を残しています。熊野海岸山地を越える街道です。

　筏師たちは筏の操作に用いる大きな櫂を担いで、1時間に4kmを超える速いペースで歩いていました。筏師の道は、熊野の産業を支えた熊野古道のひとつです。

大正時代の筏師（北山村提供）

キラッキラッ！　海の眺め

Q 6　熊野には明るく美しい海岸が連なりますが、このような美しい海岸に恵まれたのは、どうしてですか？

A 6　変化に富む海岸風景が、熊野ならではの特徴ですね。山々が海までせまり、山の尾根筋は岬になり、谷筋が入り江になって、岬と入り江がくり返すリアス海岸です。昔の国道42号は海岸沿いを通るので、尾根筋の峠を越えて、入り江の集落に入るということをくり返すルートになっていました。また鉄道は、尾根をトンネルで抜けて、入り江の見える谷を越えるというルートになっています。車窓から、風景の移り変わり

写真⑤　明るい海岸（宇久井半島からの遠望）

◆1　**リアス海岸**
岬と入り江がくり返し連なる海岸地形。最終氷期以降の海水準上昇によって、陸側に海が侵入してできた沈水地形。

を楽しむことができます。

　青い海と緑の山々が一体となって、緑映える海岸線が連なるところも魅力的です。海沿いの山々には、季節を問わず葉をつける照葉樹林が生えており、緑に包まれて旺盛な生命力を感じさせます。これは冬季に落葉して、枝だけの樹となる夏緑樹林の風景とはまったく異なります。

　さらに、キラッキラッと太陽光を反射させて輝く海原は、「きらめく紀州路」という明るい景観を生み出しています（写真⑤）。紀伊半島が南に突き出していて、南の洋上に太陽があるからです。「きらめく紀州路」の魅力は、1978（昭和53）年、当時の国鉄と和歌山県が、全国に先駆けて取り組んだ大型観光キャンペーンで広まりました。

　そして、この明るい海の景観をいっそう感じさせるのが、潮岬のような見晴らしの良い高台です。このような高台は、熊野の海岸のあちらこちらにあり、開けた太平洋を眺めることができます。

高台はどのようにできた？

Q7　串本町の潮岬のような見晴らしの良い高台は、どのようにしてできたのですか？

A7　見晴らしの良い高台には、「上野」・「平見」などのよく似た地名が付いていて、海を眺められる大辺路のビューポイントになっているところもあります（写真⑥）。

　宅地や畑・森になっているので分かりにくいのですが、よく調べると地表から玉砂利（円礫）が見つかるところが少なくありません。これらの玉砂利は、河口や海浜にある玉砂利のように丸くて粒がよくそろっています。つまり、かつては玉砂利の集まる河口や海浜であったことが分かります。

写真⑥　見晴らしの良い高台（宝島海岸からの遠望）

海岸沿いの見晴らしの良い高台は、海岸段丘（海成段丘）◆1です。

　このような見晴らしの良い高台は、玉砂利が集まる河口や海浜だったわけですが、どのようにして高台へと移り変わったのでしょうか。その大地変動の痕跡は、熊野の海岸に残っています。現在の海面よりも高い位置から見つかる、ヤッコカンザシなどの石灰質遺骸◆2です。ヤッコカンザシやフジツボなどは、海面付近で岩に付着して生きている動物ですが、大地が隆起して海面の上に出てしまうと生きていけなくなり、石灰質遺骸となって残ります。

　このようなヤッコカンザシなどの遺骸から、熊野の大地は地震に伴っ

◆1　海岸段丘（海成段丘）
海岸沿いにある高台の平坦な地形。この平坦な高台から玉砂利が見つかり、かつて海岸であったことが分かる。大地が反復して隆起してできた隆起海の地形。
◆2　石灰質遺骸
生物体の石灰質の部分は、生物が死んだ後も長い期間にわたって残ることがある。この石灰質遺骸を用いて、放射性炭素年代値を求めることができる。

て隆起したこと(地震時変動)、地震と次の地震の間に沈降したこと(地震間変動)、そして400〜600年毎により大きく隆起したことが分かってきました。つまり、大地が隆起する変動と大地が沈降する変動の差が積み重なって、長い年月の間に、海岸は隆起したというわけです。見晴らしの良い高台は、くり返して起こった地震活動による隆起海岸の特徴です。潮岬のような標高55〜60mの高台は、12万〜13万年の間に隆起してできた高台です。

リアス海岸のでき方は?

Q8　岬と入り江がくり返すリアス海岸は、どのようにしてできたのですか?

A8　カギとなったのは、過去に海水準◆1が大きく変動したことです。今から2万年前には、海水準は、現在よりも120〜140mほど低い位置にあったことが分かっています。

　そのころの海岸線は、今の陸から遠く離れた海側にありました。そして、今は海になっているところに、今の岬から連なる山と、今の入り江から延びる谷があって、その先に河口がありました。このように海水準が大きく下がっていたのは、2万年前が、寒冷な気候の最盛期(氷期)だったからです。

　その後、気候は温暖化に向かうとともに、海水準が上昇をはじめました。それで、谷沿いに海が侵入して「おぼれ谷◆2」になり、リアス海岸ができたのです(写真⑦)。それでリアス海岸は、沈水地形ということができます。

　入り江と岬がくり返すリアス海岸は、海が陸に対して上昇してできた沈水地形で、2万年前から起こった海水準の上昇によるものです。一方、

見晴らしの良い高台は、陸が海に対して隆起してできた隆起海岸の特徴で、数十万年前から続く大地の隆起によるものです。つまり、数十万年前から隆起を続けている海岸で、その最後の2万年間に、海水準が上昇して沈水地形ができたというわけです。

写真⑦　リアス海岸（那智湾・紀の松島と森浦湾）

熊野あれこれ ❾

ハート形をしたゆかし潟

　ゆかし潟は、2万年前には湯川川と橋ノ川の2つが合流する渓谷でした。寒冷な気候のため、海水準がマイナス140mくらいまで下がっていた氷期のことでした。気候が温暖に移り変わると、海水準は上昇してゆかし潟の奥まで入り江になりました。縄文時代の前期です。

　そして大水害のたびに、土砂が流れ込みました。色川を源流とする二河川から多くの土砂が流れ込み、入り江の南側が埋められて、入り江は潟へと姿を変えました。ゆかし潟がハート形となったのは、氷期から後氷期に移って海水準が上昇したおかげです。

ハート形のゆかし潟（2013年7月撮影、大江伸二氏提供）

◆1　ゆかし潟
湯川温泉（那智勝浦町湯川）のほとりにあり、新宮市生まれの詩人・佐藤春夫が名づけた汽水湖。国道42号沿いにある。

古式捕鯨を生んだ海岸地形！

Q9 熊野の捕鯨の歴史文化が、日本遺産「鯨とともに生きる」に認定されています。このような古式捕鯨は、海岸地形を上手く利用していると聞いたのですが、これはどういうことですか？

A9 古式捕鯨は、見張り場と指揮所を兼ねる「山見」◆1と、いろいろな役割を受け持つ鯨舟の舟団から成り立っていて、いろいろな舟を組織的に動かしてクジラを捕獲するというものでした。江戸時代初めは、突捕り法による捕鯨でしたが、網捕り法へと技術が進歩して、クジラの逃足を鈍らせ、漁師の危険度や負担を減らすことができました。

　網捕り法では、見晴らしの良い高台にある山見が重要でした。まずは見張り番です。回遊・接近するクジラを見つければ、狼煙をあげて合図をします。さらに法螺貝・旗指物などで舟の行動・展開を指示したり、港に対して舟団への物資補給の指示をしたりして、指揮所の役割を果たしました。このためには見晴らしの良い高台が、最適な場所だったわけです。新宮市の三輪崎、太地町の燈明崎（写真⑧）、串本の岬にあった山見が日本遺産となっていますが、那智勝浦町の宇久井半島や太地町の梶取崎、串本町の樫野崎などにも山見があったでしょう。

　一方、鯨舟にはそれぞれ役割分担があり、舟団を組んでいました。いち早く沖に展開してク

写真⑧　古式捕鯨の山見跡（太地町）

◆1　山見
鯨や魚群の動きを見張り、舟団の動きを指揮するところ。

ジラを陸側に追い立てる勢子舟、合図により網を広げる網舟、クジラに
銛を打ち込む勢子舟、仕留めたクジラが沈まないように持ち上げる持双
舟、流出する漁具を拾う樽舟、予備の漁具を運搬する道具舟などでした。
これらの鯨舟には、舟の役割や順位を表すために、鮮やかな色彩が施
されていました（図③）。これらの舟団は、平時には入り江の奥の海浜に
置かれていました。

　このように古式捕鯨は、山見のある見晴らしの良い高台とともに、平
時に舟団を置いておく入り江の海浜という海岸地形と密接につながって
います。

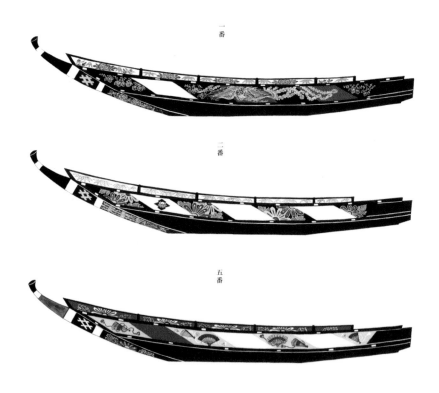

図③　太地浦の鯨舟（勢子舟）（画：土長けい、太地町立くじらの博物館提供）

紀伊半島で活躍した海の民

Q 10 古式捕鯨によるクジラの捕り方は、高度な操船技術を持った集団でなければできないと思います。高度な技術の必要な古式捕鯨は、どのようにして始まったのですか?

A 10 突捕り法という漁法は、知多半島付近から伊勢・志摩を経て、熊野に広がったといわれます。そして熊野には、高度な操船技術を持った集団が、すでに存在していました。熊野は、西日本と東日本を結ぶ海路に、クサビを打ち込むように突き出す紀伊半島の先端にあります。そのために海の民として高い技術・能力を持つ熊野水軍などの集団が、古くから活躍していたのです。

さて、古式捕鯨が始まった江戸時代初めのころは、どのような時代状況だったのでしょうか。戦国時代は終わりをむかえ、地方の武装勢力が自由に活動できる時代ではなくなりました。それで、水軍として高度な操船技術を持った集団は、その能力を活かすことのできる新たな事業を模索していた時期であったと考えられます。つまり、高度な操船技術を持つ集団が存在していたところに、突捕り法という漁法が伝わったことによって、古式捕鯨というクジラの捕り方が生まれたのではないでしょうか。寛政年間(1700年代末)に、信州高遠の軍学者である坂本天山が、太地浦の捕鯨をみて「まさに水軍の戦い」と感動したという史料があります。

あわせて江戸幕府が、西国に対して大船の所持を禁止したことも関連しています。このために、紀州藩は小型舟を活かした海防政策をとることになり、捕鯨業を営む集団が、その役目を果たすために選ばれました。元和年間(1620年前後)に初代紀州藩主徳川頼宣(家康の10男)が、白浜町の湯崎において400〜500艘の鯨舟を集めて、水軍の訓練をしたという

◆1 **熊野水軍**
西日本と東日本を結ぶ海路に、クサビを打ち込むように突き出た紀伊半島の先端部を拠点とする水軍。豊富な木材と良港に恵まれていた。

史料があります。紀州藩は、西日本と東日本を結ぶ海路に突き出た紀伊半島にあるので、海防政策を重視しなければならなかったのですね。

熊野あれこれ ⑩

見晴らしの良い高台は？

　見晴らしの良い高台は、古式捕鯨の山見が設けられる場所でした。明治になると海軍の望楼（ぼうろう）が潮岬に設けられ、昭和になると防空監視哨（かんししょう）◆1 が各地の高台に設けられました。太平洋戦争が始まると、防空監視隊令（昭和16年12月16日）が定められたからです。

　海岸の見晴らしの良い高台はもちろん、那智勝浦町の色川や古座川町の七川（しちかわ）、高野町の高野山などの山間部の見晴らしの良い場所にも防空監視哨が設けられ、24時間体制で民間人が監視任務につきました。那智勝浦町の宇久井ビジターセンターの遊歩道沿いに、防空監視哨跡が残っています。

◆1　防空監視哨
水平線から近づく敵機を監視する見張り所。海岸沿いの高台だけでなく、山間部の見晴らしの良い場所にも設けられた。

河原を掘れば温泉が湧く！

Q 11 熊野には、河原からお湯が湧き出している田辺市本宮町の川湯温泉のような面白い温泉があります。どうして河原から、温泉水が湧き出しているのですか？

A 11 河原の砂利を手でかき分けると、熱々の温泉水が湧き上がってきます。あまりに温度が高いので、川の水を混ぜてお好みの温度にします。冬場には、「仙人風呂」という露天風呂もつくられます（図④）。

　熱々のお湯を見つけるには、河原のどこを掘っても良いというわけではありません。ある場所から上流側や下流側に行き過ぎると、急にお湯は見つからなくなります。このある場所の目印になるのが、マグマからできた流紋岩（かつての石英斑岩）です。これは、溶岩が地下に割れ目をつくりながら上昇して固まった岩石で、地下に「包丁の刃」を立てたようにつながった岩脈になって、川湯温泉を流れる大塔川を横切っています。そして、高温の温泉水が湧き出しているのは、この岩脈のあたりだけです。

図④川湯温泉の風景

　同じように、近くにある渡瀬温泉では、地下に流紋岩の岩脈があって、これに沿って温泉水が上昇するのが分かっていて、本宮にある湯の峰温泉も同じしくみだと考えられています。つまり、マグマから

◆1　仙人風呂
川湯温泉の河原につくられる大露天風呂。川底から湧き出す高温泉水に大塔川の清流を引き入れて適温に調整している。河川が増水する夏場を避けて、毎年冬場に設けられる。名前の由来は、「千人が入れるほど大きいから、あるいは仙人のお告げでできた風呂だから」といわれる。

できた岩脈に沿って、高温の温泉水が湧き出しているのです。

紀伊半島にある高温泉◆3は、南部に集中しています（図⑤）。そして、マグマからできた岩脈と深くつながっています。このような岩脈は、地図の上で連続または断続して円弧状に延びているので、弧状岩脈と呼ばれます。

那智勝浦町の勝浦・湯川温泉は、日本の地質百選「古座川弧状岩脈◆4」の延長部にあたるほか、この岩脈に沿って古座川町の古座峡の温泉があります。また白浜町の白浜・椿温泉、すさみ町の周参見温泉は、枯木灘弧状岩脈とその延長にあたるほか、十津川村の湯泉地温泉と十津川温泉、田辺市本宮町の本宮温泉（川湯・渡瀬・湯の峰）は、十津川弧状岩脈に沿っています。このように熊野の高温泉は、マグマからできた弧状岩脈と深くつながっています。

これらの岩脈に沿って上昇してきた温泉水は、砂岩や礫岩などにできた亀裂、あるいは地層が凸に曲がった褶曲（背斜）◆5のところの亀裂などを通って、地表に湧き出しています。

図⑤　紀伊半島の高温泉の分布

◆2　湯の峰温泉
熊野参詣道大日越沿いにあり、熊野詣における湯垢離場としても栄えた温泉。一遍上人名号碑や「小栗判官と照手姫」の伝説が残る。

◆3　高温泉
地表に湧出する泉源または地下浅いボーリング掘削で泉源を得ている温泉のうち、30℃を超えるものをここでは高温泉とした。

◆4　日本の地質百選「古座川弧状岩脈」
古座川沿いから浦神湾にかけて、弧状に延びる珪長質火成岩の岩脈。「古座川の一枚岩」や「高池の虫喰岩」、「浦神の虫喰岩」などの名勝・奇岩がある。2009年に日本の地質百選に選定された。

◆5　褶曲（背斜）
地層が変形して曲がった褶曲のうち、地層が上に凸に曲がった構造が背斜。

火山がないのに
どうして温泉があるの?

Q 12 熊野には火山がないのに、温泉がたくさんあります。これはどうしてですか?

A 12 温泉と深くつながる弧状岩脈は、1400万年前に活動した熊野カルデラ火山などに連動してできたものです。これらの岩脈は地表に少し現れているだけですが、地下に大きな火成岩体が潜(ひそ)んでいて、地下に潜む岩体が温泉の熱源となっていると考えられたことがありました。ところが、地下の岩体を通じて熱が伝わるだけでは、温泉水はそれほど熱くならないばかりか、熊野の火山活動は古すぎて、地下にある岩体は冷えていることが分かってきました。それでは、熱々の温泉水はどのようにしてできるのでしょうか。

　地下を深く掘り下げると、地中の温度は100mあたり2〜4℃くらい上昇します。ところが、紀伊半島にある温度の高い温泉地では、地下の温度上昇がこれよりも大きく、地下から高温の流体が上昇してきていることを示しています。また紀伊半島南部の地下10〜15km付近に、電気抵抗の低い層があるのが見つかりました。これは地下の深いところに、水の多いゾーンがあることを示すと考えられます。さらに地下30〜40km付近に、低周波微動があることも分かってきました。地下を流体が上昇するのに伴って、細かな振動が起こっていると考えられます。これらのこと

◆1　**地下の温度上昇**
地下深くには、地下の温度上昇によって温かくなった温泉水がある。進歩したボーリング技術によって、深さ1000mを超える深いところから、このような温泉水を得ている温泉もある。
◆2　**低周波微動**
ゆっくりとした小さな振動のこと。通常の地震よりゆっくりとした小さい振動が、プレート境界から観測されるようになった。プレート境界で起こっている流体の上昇や「ゆっくりすべり」が起こっていると考えられている。

から、高温の水蒸気やガスを含む流体が、地下の深いところから上昇してきていると考えられるようになりました。

　一方、紀伊半島沖の南海トラフで、海洋プレートが沈み込んでいます。この海洋プレートの沈み込みによって、水が地下の深いところまで運ばれていることが分かってきました。岩石をつくる鉱物のなかには、結晶構造のなかに水分子を含むものがあります。これらの含水鉱物◆3は、海洋プレートとともに、地下の深いところまで沈み込みます。そして温度・圧力が上昇すると、含水鉱物は脱水分解して水が放出されます。その一部が、高温の水蒸気やガスを含む流体となって、地下の深いところから上昇してきていると考えられます（図⑥）。このような上昇する熱流体の通路となっているのが、地下深くまでつながった弧状岩脈であると考えられます。

　このように地表と地下の深いところとは、海洋プレートを仲立ちにして、水が循環しているのです。また海洋プレートとともに、地下のさらに深いところまでたどり着く水があります。含水鉱物のなかの水は、地下のさらに深いところでどのような働きをしているのでしょうか。また地下のさらに深いところまで運ばれる水は、どのくらいの量があるのでしょうか。未だ解明されていない謎が残っています。

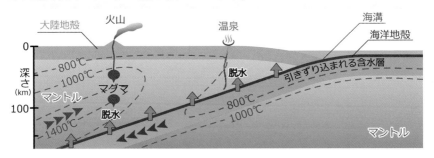

図⑥　地下深部への水の運搬のしくみ

◆3　含水鉱物
結晶構造の中に、水の分子をOH（水酸基）として取り込んでいる鉱物。雲母や角閃石、蛇紋石、粘土鉱物など。高温・高圧になると、結晶構造が変化して水の分子を放出する。

熊野あれこれ ⑪

道端に湧き出る温泉

　勝浦温泉や湯川温泉には、道端に湧き出ている泉源もあります。地下浅いボーリング掘削で得られた泉源で、洗い場などにも利用されています。

　古座川弧状岩脈に沿って地下から上昇してきた温泉水は、地表近くで背斜や亀裂に沿って湧き出しています。太地町の飛び地である夏山から那智勝浦町の狼煙山にかけて、地層が凸に曲がった背斜があり、その北側には南北方向や北西‐南東方向の亀裂があり、これらに沿って泉源がみつかっています。

温泉って、100年前の雨水?

Q 13 温泉は、枯れるということが、あるのでしょうか。

A 13 熊野には、415を超える源泉があります（2008年現在）。最も多いのが那智勝浦町の175、次に多いのが白浜町の98、田辺市の65で、和歌山県のすべての市町村に源泉があります。そして、ひとつの源泉から湧き出る量は、良い源泉で1分間に100リットル程度で、1分間に数リットルから数百リットルというのが一般的です。このようにみると、とても多量の温泉水が湧き出していることが分かります。

　それでは、温泉水はどこから来ているのでしょうか。それを調べるために、水の分子（H_2O）をつくる水素（H）と酸素（O）の同位体[1]が用いられました。水素にも酸素にも、原子に含まれる中性子の数が違う同位体があります。中性子の数が多いと質量数が大きくなり、水素には質量数1、2、3の3種類があり、酸素には質量数16、17、18の3種類があります。そして質量数が大きいほど、重い原子になります。この原子の重さのわずかな違いが、手掛かりになりました。

　地球上のあちらこちらの水について、水素の同位体比（水素2/水素1）および酸素の同位体比（酸素18/酸素16）が調べられてきました。その結果、ほとんどの温泉水は、その地域に降る雨水を起源にしていることが分かってきたのです。また全国の温泉地を調べたところ、湧き出す温泉水の量は、温泉地のまわりに降る雨量に伴って変化することも分かってきました。

◆1 **同位体**
原子核をつくる陽子と中性子のうち、陽子の数（原子番号）が同じで中性子の数が異なる原子のこと。同位体には、安定したものと不安定なものがある。
◆2 **放射性水素年代値**
放射性水素 ^3H 濃度から測定した年代測定値。水の放射性水素 ^3H 濃度は、閉じた空間に置かれて以降、一定の割合で減少し始めることを利用している。
◆3 **温泉水の枯渇**
温泉水を過剰にポンプアップすると、枯渇しなくても泉質は変化する。

このほか、放射性水素年代
値により、温泉水の年齢が調
べられています。本宮温泉の
年代測定では、雨水が地下に
浸透してから、温泉水となって
地表に湧き出してくるまでに、
ヒトの一生よりも長い年月がか
かったというデータが得られて
います。

つまり、100年くらい前に
降った雨水がもとになって、地
下深くから上昇してきた熱流体
を取り込んで、温泉水になっ
たと考えることができるのです
（図⑦）。このような仕組みを想
い描きながら温泉に入ると、味
わいもまた格別ですね。このよ
うにして温泉水ができているの
で、熊野の温泉が枯れること
はないでしょう。

図⑦　温泉はどうやって湧きだすの

栄えた熊野の炭鉱

Q 14 新宮市の新宮駅の近くに、貯炭場があったと聞きました。これは、どういうことですか?

A 14 熊野から石炭が掘り出されて、阪神方面に出荷されていた時期がありました。戦後、近畿最大の出炭量となった熊野炭田があったからです。石炭層は1869（明治2）年に発見され、1959（昭和34）年の休山まで、約90年間にわたって採炭されていました。採炭された石炭は、「野猿」という索道によって川沿いや道沿いまで下ろされ、プロペラ船やトラックで、新宮市の池田港や新宮駅近くの貯炭場まで運ばれていたのです（図⑧）。

1949（昭和24）年前後には、7つの炭鉱（薬師、宮井、松澤、熊野、志古［写真⑨]、三和、三熊）があり、熊野炭田全体で1700名を超える人たちが働いていました。その内訳は、坑内作業者が約600名、坑外作業者が約1000名、その他の業務従事者が約100名。また坑外作業者には、400〜500名の女性従業者がいたようです。浴場・製材所・住宅のほか、診療所をもつ炭鉱もありました。

石炭層は暗灰色から黒色の泥岩層にはさまれて、厚さ20〜50cmと厚さ15〜70cmの2層があり、平均の厚さは25cm程度です。石炭層は地層にはさまれているので、水平坑道で横長に掘り進めながら、手掘りで採炭されていました。また、落差数m〜50mの断層によって、石炭層がずれているところがあり、石炭層を見失い一時休山した炭鉱もあります。

石炭層が積もったのは、熊野層群ができた終わりの時期だったので、豊富な石炭層ができる前に陸化してしまいました。石炭は、湿地に堆積した植物遺体がバクテリアの作用で泥炭になり、地下で地温や圧力のために石炭化したものです。熊野に炭田があったのは、熊野の大地の恵みですね。

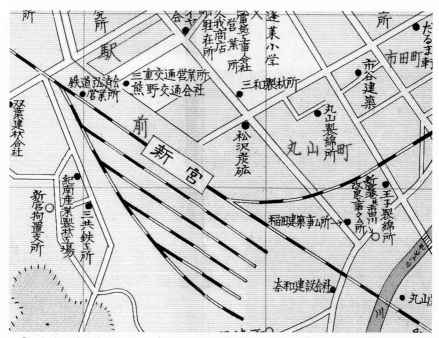

図⑧　新宮駅前の貯炭場の地図（日本商工業別明細図、1954；中瀬古友夫氏所蔵）

写真⑨
志古の炭鉱施設跡
（新宮市）

◆1　野猿
山から材木や資材を運び出すための簡易な作業用ロープウェイ。猿がツルを伝って移動するイメージから、この名が付いたと伝わる。

◆2　水平坑道
横方向に掘り進めた坑道。石炭層を追いかけて掘り進めた。

熊野あれこれ ⑫

堀切の滝

　串本町津荷(つが)から鉄橋をくぐって川沿いに進むと、堀切の滝(落差4m)があります。この滝は、岩盤を掘削して造られた人工の滝です。川が蛇行(曲流)する首の部分を掘削して、川の流れを変えたのです。

　滝の裏側には石積堤防が造られ、川の流れを止めています。そしてこの堤防の下流側の川であったところを、農地に変えたのです。農地を増やした産業遺産ともいえます。川の流れを変える工事をした痕跡は、二河川(にこう)、湯川川(ゆかわ)、太田川(おおた)などにもみられます。

3千人超える従業員も

Q 15 那智勝浦町の浦神港から、鉱石が積み出されていたと聞いたことがあります。これは、どういうことですか？

A 15 1978（昭和53）年まで、浦神港から鉱石が運び出されていました。浦神駅から浦神港まで、国道42号の上をまたいだ大きな施設があり、貨車で運んできた鉱石を船に積み替えていたのです。鉱石は、那智勝浦町の 妙 法鉱山（写真⑩）と熊野市紀和町の紀州鉱山（写真⑪）で掘り出されたものでした。銅鉱石は瀬戸内や九州東部の製錬工場へ、硫化鉄鉱石は三重県の四日市などの製錬工場へ運ばれていました。

　古くから熊野に鉱山はあったようですが、金属資源は極秘事項ですから、その詳細は不明です。確実な記録は1580（天正8）年、豊臣秀吉によ

写真⑩　妙法鉱山の選鉱所跡（那智勝浦町）

る貨幣『天正通宝』のために、那智から銅が献上されたというもので、全国統一が進む織豊時代から、古文書の記録が残っています。

熊野には、銅・硫化鉄（亜鉛・鉛を含む）鉱山が最も多く43、金・銀・アンチモン鉱山[1]が4、コバルト鉱山[2]が4、そして蛍石鉱山[3]が2ありましたが、小規模な鉱山はほとんどが終戦前後に閉山しました。紀州鉱山では、戦時中の1941（昭和16）年に総従業員が3205名に達しましたが、1978（昭和53）年に閉山しました。また妙法鉱山では、最後の総従業員は176名で、1972（昭和47）年に閉山しました。これらの鉱山では、社宅、寮、浴場、会館、診療所などの福利厚生施設が整っていました。

鉱脈の規模は、紀州鉱山では幅10〜110cm、妙法鉱山では幅30〜400cmでした。ほとんどの鉱脈は、上に向かって枝分かれしています。これらの鉱脈は、母岩に形成された断層・亀裂に沿って熱水が上昇し、

熱水と母岩とが相互に作用し合いながら鉱化作用が進み、その成分が沈殿結晶してできたものです。熱水の上昇をもたらしたのは、熊野カルデラ火山の活動です。

写真⑪　紀州鉱山跡のトロッコ電車（熊野市）

◆1　**アンチモン**
希少金属（レアメタル）のひとつ。半導体や合金の材料のほか、繊維などに添加する防燃材などの多様な用途がある。

◆2　**コバルト**
希少金属（レアメタル）のひとつ。耐熱性・耐腐食性を大きく向上させたコバルト合金は有名。青色顔料（コバルトブルー）のほか、緑色、黄色の顔料の原料になる。

◆3　**蛍石**
主成分はフッ化カルシウム。古くから製鉄の融材として用いられてきた。光学材料として望遠レンズや窓板など多様な用途がある。

熊野あれこれ ⑬
尻剣谷の製錬所跡

　那智勝浦町市野々の尻剣谷には、9窯が上下2列に並んだ見事な焼窯の跡があります。薪を用いて鉱石を焼いて硫黄分を取り除いた焼窯の跡で、薪を1週間から1ヶ月も燃やし続けたといわれます。少し離れたところには、不純物の塊である「カラミ」がたくさん落ちています。これは木炭で過熱を続けてケイ素と鉄分を取り除いた跡で、次の工程でできたものです。

　このように鉱石を製錬するために、多量の木材が燃料として消費されました。古座川町には、木炭をつくる炭窯を備えた製錬所跡もあります。

本州最南端に前方後円墳！

那智勝浦町の太田川河口近くに、墳丘長40m（周溝を含めると全長50m）の前方後円墳、下里古墳（写真⑫）があります。4世紀中頃から後半の前期古墳時代に築造された「30歩（ぶ）」格◆2の古墳です。大きな平野・盆地に前方後円墳が築造されていたころに、小さな平野に築造された前方後円墳で、本州最南端の前方後円墳として国の史跡に指定されています。

さらに興味深いのは大型の竪穴式石室があり、畿内と四国の古墳との共通性があります。石室が前方後円墳の主軸と平行に置かれているのは、畿内の古墳と共通します。また被葬者の頭位を東に向けているのは、四国の古墳と共通します。このほか石室の東壁は直線状、西壁は丸みがあり、東海の古墳にも似ています（写真⑬）。

熊野は紀伊半島の先端にあり、古代から海洋交通を掌握する重要な拠点だったのでしょう。さらに大和・河内エリアを中心にするヤマト政権からみれば、西日本と東日本を結ぶ海路をおさえる熊野は重視しなければなりません。このような状況が、前方後円墳の特徴に反映されたとみられます。

さらに下里古墳が築造されたころは、全国あちらこちらの海に面した地域に、大きな前方後円墳が増えています。ヤマト政権が、海洋を重視しながら勢力を拡大した時期であったことがわかります。その背景には、鉄の原料の輸入元であった韓半島（朝鮮半島）が不安定になり、倭国が韓半島に出兵したという事情があったとみられます。熊野の海の民が、ヤマト政権の海洋進出・海洋防衛に協力するなかで、太田川河口近くに下里古墳が築造されたのではないでしょうか。

下里古墳は、古砂丘の上に築造されています。戦前に1回、戦後に3回の発掘調査が行われましたが、津波被害を示す痕跡は見つかっていません。1600年間余りにわたって、津波被害を受けていないのです。ただし、数千年間に1回という南海トラフ巨大地震が発生すれば、ここまで津波が来ると予測されるので油断はできません。

写真⑫
下里古墳と主な出土物
（那智勝浦町）

後円部

前方部

周 溝

写真⑬　下里古墳の石室（那智勝浦町教育委員会提供）

◆1　前方後円墳
棺が納められる円形墳丘の前に、方形の突出部をつないだ古墳。英語では鍵穴形（key hole shaped）と訳される日本の代表的な古墳の形式。

◆2　「30歩（ぶ）」格
2歩（ほ）歩く長さを1歩（ぶ）とする長さの単位で、下里古墳は30歩（ぶ）の大きさの古墳。

◆3　竪穴式石室
木棺を納める石室のうち、板状の石を積み重ねて造られた細長い空間に、大きな蓋石をかぶせた石室。床は叩きしめられ、小さな砂利または粘土が敷かれる。古墳時代前期〜中期の古墳によく見られる埋葬施設。

もっと知りたい熊野！❻
熊野の山中に住んだ縄文人！

　昔から人々は、食糧や熱・光のエネルギーなどの生きる糧を山々から得てきました。和歌山県北山村には、下尾井遺跡という縄文時代の遺跡があります。洪水被害を受けない「河岸段丘◆1」の高台にあり、南に開けて日当たりが良く、近くに清水の得られる谷があります。

　縄文土器として大型の注口土器◆2（写真⑭）が多くあり、畿内だけでなく関東や瀬戸内あるいは四国・九州の土器まで、広域な標準型式の土器が出土しています。このようなことから、東西の人々が行き来していたことが読み取れます。

　狩に使う矢じり・斧、皮はぎ用の刃、漁に使うおもり、草や実を採取する石片や斧、食材加工用の石皿とたたき石、工具用の石の錐（キリ）などが見つかっていて、縄文人の生活の様子を想像することができます（写真⑮）。

　これらの石器の多くは、地元から石材を得て作られています。この付近には付加体（竜神付加体）の砂岩や泥岩、あるいは熊野層群の砂岩や泥岩が多いのですが、これらの岩石はマグマ活動に伴って上昇してきた熱水の影響を受けて、珪質化・硬化◆3しています。それで、石器の石材に適しているのです。北山川沿いには、七色峡・北山峡・瀞峡などの峡谷ができていますが、このように硬化した岩石のところを川が流れているからです。

　このほか移入された石器も見つかっています。緻密な石材であるサヌカイト◆4の矢じりと錐、そして緑色片岩の2本の石棒の先端部です。緑色の

写真⑭　北山村の縄文遺跡の注口土器（北山村提供）

写真⑮　北山村の縄文遺跡の石器（北山村提供）

石棒は、祭祀や呪術などに用いられたものかもしれません。

　北山村の縄文人は、大型の注口土器が多いことから、発酵させた保存用飲料、つまり果実酒などを飲んでいたことが想像できて面白いですね。

◆1　河岸段丘
河川沿いの地域にある高台の平坦な地形。この平坦な高台から玉砂利が見つかり、かつて河川であったことが分かる。大地が反復して隆起してできた隆起地形。

◆2　注口土器
注ぎ口のついた土瓶や急須のような土器。大型の注口土器が、北山村の下尾井遺跡から多く出土した。縄文時代の後期～晩期の土器。

◆3　珪質化
珪酸（SiO₂）が増加して緻密な硬い岩石に変質すること。地下から上昇してきた熱水との反応によると考えられる。北山村付近は大峯変質帯。

◆4　サヌカイト
黒色で緻密な硬い安山岩。石器の材料として有名。讃岐石と呼ばれるが、近畿では二上山（大阪府と奈良県の県境）が有名な産地。

参 考 文 献

1. 本書のもとになった文献

1.1 著者が企画執筆した『熊野新聞』連載記事
地質の日特集3回連載「熊野の温泉と鉱山　地質から見た熊野の魅力」2010年5月8日〜11日。
地質の日特集3回連載「なぜ熊野は『聖地』に」2013年5月8日〜10日。
地質の日特集2回連載「これもジオ？　生活と"大地"の関係」2014年5月10日〜11日。
地質の日特集3回連載「熊野『歴史の謎』地質の視点で解く」2016年5月7日〜10日。
地質の日特集4回連載「熊野の地下をさぐる　あなたの家の土地は？」2017年5月10日〜13日。
地質の日特集4回連載「熊野参詣道から見えてくる大地の成り立ち」2018年5月9日〜12日。
地質の日特集5回連載「自然が造った聖地・熊野　地質からみた熊野の霊場」2019年5月8日〜12日。
地質の日特集3回連載「南紀熊野の海岸が美しいわけ　海と大地の移り変わり」2020年5月8日〜10日。

1.2 著者の投稿論文
「那智黒石についての誤った記述とその背景」『熊野誌』第43号、1997年。
「熊野の海岸が美しいわけ」『三青』第33号、2006年。
「熊野はなぜ霊場になったのか──地質からみた熊野の魅力」『田辺市文化財』第49号、2011年。
「地形・地質からみた熊野」『熊野誌』第60号、2013年。
「地形・地質と熊野の文化的景観」『熊野誌』第62号、2015年。
「熊野の沖積低地の成り立ちと特性──谷地形を埋めて形成された沖積低地」『熊野誌』第63号、2017年。
「水と大地と南紀熊野ジオパーク」第20回日本水環境学会シンポジウム講演集、2017年。

2. 他の参考文献

2.1 地質について
中屋志津男・原田哲朗・吉松敏隆・児玉敏孝・寺井一夫「紀伊半島の地質と温泉」『アーバンクボタ』第38号、1999年。
日本地質学会編『日本地方地質誌5　近畿地方』朝倉書店、2009年。
紀州四万十帯団体研究グループ編著「紀伊半島における四万十付加体研究の新展開」『地団

研専報』第 59 号、2012 年。

南紀熊野ジオパーク推進協議会編『南紀熊野ジオパークの地質と地形』2017 年。

荒巻重雄・羽田忍「熊野酸性火成岩類の中部および南部の地質」『地質学雑誌』第 71 巻、1965年。

新エネルギー・産業技術総合開発機構『平成 4 年度地熱開発促進調査データ処理報告　No. 37　本宮地域』1994 年。

Miura, D., "Arcuate pyroclastic conduits, ring faults, and coherent floor at Kumano caldera, southwest Honshu, Japan", Jour. Volcanol. Geotherm. Res., 92, 1999.

川上裕・星博幸「火山―深成複合岩体にみられる環状岩脈とシート状貫入岩：紀伊半島、尾鷲―熊野地域の熊野酸性火成岩類の地質」『地質学雑誌』第 113 巻、2007 年。

三浦大助・和田穣隆「西南日本弧前縁の圧縮テクトニクスと中期中新世カルデラ火山」『地質学雑誌』第 113 巻、2007 年。

2.2　地形について

鈴木好一・稲垣誠二「熊野海岸山地及び其の周縁地域の地形と地形発達史」『地理学評論』第 9 巻第 11 号、第 12 号、1933 年、第 10 巻第 3 号、第 4 号、1934 年。

米倉伸之「紀伊半島南部の海岸段丘と地殻変動」『地学雑誌』第 77 巻、1968 年。

宍倉正展・越後智雄・前杢英明・石山達也「紀伊半島南部沿岸に分布する隆起生物遺骸群集の高度と年代 ―― 南海トラフ沿いの連動型地震の履歴復元」『活断層・古地震研究報告』No. 8、2008 年。

2.3　大地に育まれた 歴史・文化・産業について

那智勝浦町史編さん委員会編『那智勝浦町史』那智勝浦町、年表、1977 年、上巻、下巻、1980 年。

熊野市史編纂委員会編『熊野市史』熊野市、上巻、中巻、下巻、1983 年。

北山村史編纂委員会編『北山村史』北山村、上巻、1984 年、下巻、1987 年。

新宮市史史料編編さん委員会編『新宮市史』新宮市、史料編下巻、年表、1986 年。

紀和町史編さん委員会編『紀和町史』紀和町教育委員会、上巻、1991 年、下巻、1993 年。

紀宝町誌編纂委員会編『紀宝町誌』紀宝町、2004 年。

木田泰夫編著『新宮木協百年史』新宮木材協同組合、1984 年。

水島大二監修『定本・和歌山県の城』郷土出版社、1995 年。

新宮蘭沢浮島植物群落調査委員会編『国指定天然記念物　新宮蘭沢浮島植物群落保存対策基本計画書』新宮市教育委員会、2001 年。

古座川「水のまちづくり」推進協議会制作『古座川風土記』古座川街道やどやの会、2014 年。

熊野歴史研究会編『熊野参詣道調査報告書 ―― 新宮市域を中心に』新宮市教育委員会、2016年。

清家章「下里古墳からわかること」『那智勝浦町文化協会創立 20 周年記念文化講演会記念誌』2020 年。

▓より詳細な参考文献については、1.2 の著者の論文をご覧ください。

あとがき

　『熊野風土人物誌』(山中利喜松編著、1926〈大正15〉年発行)が、私の手元にあります。熊野に伝わる古代人物などを取り上げるとともに、当時の熊野各地の様子や人物を紹介しています。大正時代の人々が熊野をどのようにみていたのかがよく分かり、今日の我々とは別の視点からみていたことが読み取れます。

　那智勝浦町の国道42号線沿いに、「狗子ノ川の大石」があります。昭和初期までは丹敷戸畔の墓石と伝わっていたのですが、終戦前から神武天皇の腰掛石と伝わるようになったものです。1935(昭和10)年から5年間かけて進められた皇紀2600年記念行事を境にして、このように伝承が置き換わったもので、時代の移り変わりとともに、伝承さえも変わっていくことが分かります。

　今日の熊野には、世界遺産「紀伊山地の霊場と参詣道」があり、「大地に育まれた自然と文化に出会う」という「南紀熊野ジオパーク」があり、さ

らに伝承されてきた文化「鯨とともに生きる」が日本遺産として認定されています。

　このような視点から書き上げた本書ですが、これから先の時代の移り変わりとともに、熊野はどのように理解されていくのでしょうか。遠い将来の人々は本書をどのように読み取り、熊野をどのようにみるのでしょうか。私は、それらを知ることはかないませんが、とても知りたいところです。

　大地の成り立ちについては、新しい知見が見つかるのに伴って、これからも書き改められていくことでしょう。

　優しい紙面に仕上げてくださった、はる書房の佐久間章仁氏に感謝いたします。

2021年7月　後 誠介

著者略歴

後 誠介（うしろ せいすけ）

1952年和歌山県那智勝浦町生まれ。広島大学教育学部卒業。1975年から那智勝浦町立中学校教諭、1987年から近畿大学附属新宮高等学校教諭。1988年から教務部長として附属新宮高等学校ならびに新設の附属新宮中学校の教育計画の立案に携わり、2005年に附属新宮高等学校校長、同中学校校長で退職。2014年から和歌山大学防災研究教育センター客員教授を経て、和歌山大学紀伊半島価値共創基幹災害科学・レジリエンス共創センター客員教授。

1978年から熊野地方6市町村の史誌の編纂委員や執筆委員を務め、1984年から熊野学研究委員会委員を務める。2009年にジオパークをめざす取り組みを始め、南紀熊野ジオパーク推進協議会学術専門委員会委員、環境省自然公園指導員などを務める。2011年紀伊半島大水害では地盤災害合同調査団の一員として調査研究に携わった。

熊野 謎解きめぐり
大地がつくりだした聖地

2021年 11月10日　初版第1刷発行
2021年 12月10日　初版第2刷発行
2022年 11月10日　初版第3刷発行

著者	後 誠介
発行所	株式会社 はる書房

〒101-0051　東京都千代田区神田神保町1-44 駿河台ビル
電話 03-3293-8549　FAX 03-3293-8558
http://www.harushobo.jp
郵便振替 00110-6-33327

資料提供	熊野新聞社　古座川町　熊野那智大社
	南紀熊野ジオパーク推進協議会　北山村
	太地町立くじらの博物館　那智勝浦町教育委員会
編集協力	須川達也
イラスト	平野薫禮
組版・装幀	桜井雄一郎
印刷・製本	中央精版印刷

©Seisuke Ushiro, Printed in Japan 2021
ISBN978-4-89984-198-2